KB199661

논어,
두 AI의 눈으로 읽다

ChatGPT & DeepSeek

논어,
두 AI의 눈으로
읽다

ChatGPT & DeepSeek

문자향

서문

1.

《논어論語》는 유가儒家 사상의 근본을 이루는 경전으로, 공자孔子와 그 제자들의 대화를 기록한 책이다. 이 책은 시대를 넘어 동아시아의 사상과 문화를 형성하는 데 중요한 역할을 해왔으며, 오늘날에도 인간의 삶과 도덕에 대한 깊은 통찰을 제공한다.

이 책은 ChatGPT와 DeepSeek라는 두 인공지능 모델이 번역한《논어》를 한데 모아, 인공지능이 해석한 고전 텍스트를 비교하고 분석할 수 있도록 구성하였다. 이는 단순한 번역본을 넘어, 현대 기술이 전통적인 철학과 어떻게 만나는지를 보여주는 하나의 시도이기도 하다.

인공지능 번역은 인간 번역과는 다른 방식으로 원문을 해석한다. 인간 번역자가 문맥과 문화적 배경을 고려하여 의미를 전달하는 반면, 인공지능은 방대한 데이터를 바탕으로 패턴을 분석하고 번역을 수행한다. 이러한 차이는《논어》처럼 해석의 여지가 넓고 함축적인 문장을 담고 있는 고전에서 더욱 두드러진다. 따라서 이 책은 단순히 번역본을 제공하는 데 그치지 않고, 다양한 번역 방식이 어떻게 고전 해석에 영향을 미치는지 탐구할 기회를 제공할 것이다.

본서는 두 모델이 번역한 내용을 나란히 배치하여 독자가 직접 비교하며 읽을 수 있도록 하였다. 이를 통해 독자들은 동일한 문장이 어떤 방식으로 다르게 해석될 수 있는지를 경험하고, 번역이라는 작업이 단순한 언어 변환이 아니라 깊은 이해와 해석의 과정임을 깨닫게 될 것이다. 또한, 인공지능 번역의 가능성과 한계를 탐색하며, 인간과 기계가 협력하여 더 나은 번역을 만들어갈 수 있는 방향을 모색하는 계기가 되기를 바란다.

고전은 시대를 초월하여 읽히는 이유가 있다. 《논어》에 담긴 지혜는 오늘날에도 여전히 유효하며, 인공지능이라는 새로운 해석 도구를 통해 또 다른 방식으로 빛을 발할 수 있다. 이 책이 독자들에게 새로운 관점에서 《논어》를 읽는 즐거움을 선사하고, 번역과 해석의 의미에 대해 다시 한번 생각해볼 기회를 제공하기를 바란다.(ChatGPT)

2.

《논어》는 동양 철학의 근간을 이루는 고전 중 하나로, 공자와 그의 제자들이 남긴 삶의 지혜와 정치, 윤리, 교육에 대한 깊은 통찰을 담고 있습니다. 이 책은 단순히 옛사람들의 말씀을 기록한 데 그치지 않고, 오늘날을 살아가는 우리에게도 여전히 유효한 가르침을 전합니다. 그러나 시대가 변하고 언어가 달라짐에 따라 《논어》의 메시지를 현대적으로 해석하고 이해하는 것은 쉬운 일이 아닙니다.

이 책은 두 개의 인공지능, ChatGPT와 DeepSeek가 《논어》를 각자의 방식으로 번역하고 해석한 결과를 담고 있습니다. 두 AI는 각기 다른 학습 데이터와 알고리즘을 바탕으로 《논어》의 원문을 현대어로 풀어내고, 그 안에 담긴 철학적 의미를 탐구했습니다. 이 과정에서 두 AI는 서로 다른 관점과 스타일로 《논어》를 해석하며, 독자들에게 새로운 시각을 제공합니다.

ChatGPT는 방대한 데이터와 자연어 처리 기술을 바탕으로 《논어》의 문장을 유연하게 풀어내고, 현대인들이 쉽게 공감할 수 있는 언어로 재구성했습니다. 반면 DeepSeek는 고전 문헌에 특화된 학습을 통해 원문의 정확한 의미를 전달하는 데 중점을 두었습니다. 두 AI의 번역을 비교하며 읽다 보면, 《논어》의 한 문장이 어떻게 다양한 의미로 해석될 수 있는지, 그리고 그 안에 담긴 지혜가 얼마나 깊은지 느낄 수 있을 것입니다.

이 책은 단순히 《논어》를 번역한 데 그치지 않습니다. 두 AI의 해석을 통해 고전과 현대 기술의 만남을 보여주고, 인공지능이 인간의 지적 유산을 어떻게 이해하고 재해석할 수 있는지 탐구합니다. 또한, 독자들에게 《논어》를 새롭게 읽는 즐거움과 함께, 고전을 현대적으로 소화하는 방법에 대한 영감을 제공할 것입니다.

《논어》는 단순히 옛사람들의 말씀이 아니라, 시대를 초월하여 인간의 본질을 탐구하는 영원한 고전입니다. 이 책이 독자들에게 《논어》의 깊은 지혜를 발견하는 여정에서 작은 길잡이가 되길 바랍니다. 또한, 기술과 인문학의 융합이 만들어낸 새로운 가능성을 느끼며, 고전을 통해 더 나은 미래를 모색하는 데 이 책이 기여하기를 기대합니다. (DEEPSEEK)

차례

| 일러두기 |

1. 제목 '논어, 두 AI의 눈으로 읽다'는 DeepSeek가 지은 것이다.
2. 서문은 ChatGPT와 DeepSeek가 지은 두 편을 게재하였다.
3. 번역은 ChatGPT와 DeepSeek의 번역을 거의 그대로 게재하였다.
4. 부호는 편집방침에 따라 통일하였고, 맞춤법과 한자음이 틀린 것은 교정하였으며, 불필요한 한자는 삭제하였다.
5. '공자가 말하였다', '공자께서 말씀하셨다' 등 평어체와 경어체로 뒤섞어 번역하였는데, 모두 평어체로 통일하였다. 다만, 인용부호(" ") 안의 것은 그대로 두었다.
6. ( ) 안의 간주間註는 AI가 보충한 것이다.

논어

1. 학이 學而

| 1-1 |

子曰:"學而時習之, 不亦說乎? 有朋自遠方來, 不亦樂乎? 人不知而
不慍, 不亦君子乎?"

⑤ ChatGPT

공자가 말하였다. "배우고 때때로 그것을 익히면 기쁘지 않겠는가? 벗이 먼
곳에서 찾아오면 즐겁지 않겠는가? 남이 나를 알아주지 않더라도 서운해하
지 않는다면 군자가 아니겠는가?"

✨ DEEPSEEK

공자가 말하였다. "배우고 때때로 익히면 기쁘지 아니한가? 벗이 먼 곳에서
찾아오면 즐겁지 아니한가? 남이 알아주지 않아도 성내지 않으면 군자가
아니겠는가?"

| 1-2 |

有子曰:"其爲人也孝弟, 而好犯上者, 鮮矣;不好犯上, 而好作亂者,
未之有也. 君子務本, 本立而道生. 孝弟也者, 其爲仁之本與!"

⑤ ChatGPT

유자가 말하였다. "사람이 효도하고 공손하면서 윗사람을 거역하기 좋아하
는 자는 드물다. 윗사람을 거역하기 좋아하지 않으면서도 난을 일으키는 자
는 지금까지 없었다. 군자는 근본을 힘써야 하니, 근본이 바로 서야 도道가

생긴다. 효도와 공손함은 인仁의 근본이 아니겠는가?"

DEEPSEEK

유자가 말하였다. "그 사람됨이 효도하고 공손하면서 윗사람을 거스르기를 좋아하는 자는 드물다. 윗사람을 거스르기를 좋아하지 않으면서 난을 일으키기를 좋아하는 자는 아직 없다. 군자는 근본에 힘쓰니, 근본이 서면 도가 생긴다. 효도와 공손함은 어짊의 근본이다."

| 1-3 |

子曰: "巧言令色, 鮮矣仁."

ChatGPT

공자가 말하였다. "말을 번지르르하게 하고 얼굴빛을 꾸미는 자는 인仁한 경우가 드물다."

DEEPSEEK

공자가 말하였다. "교묘한 말과 아첨하는 얼굴에는 인仁이 적다."

| 1-4 |

曾子曰: "吾日三省吾身 : 爲人謀而不忠乎? 與朋友交而不信乎? 傳不習乎?"

ChatGPT

증자가 말하였다. "나는 날마다 세 가지로 자신을 반성한다. 남을 위해 일을 도모하면서 충성을 다하지 않았는가? 벗과 사귀면서 신의를 지키지 않았는가? 스승의 가르침을 익히지 않았는가?"

DEEPSEEK

증자가 말하였다. "나는 매일 세 가지로 나를 반성한다. 남을 위해 일을 꾀하면서 충실하지 않았는가? 벗과 사귀면서 신의가 없었는가? 전수받은 것을 익히지 않았는가?"

1-5

子曰: "道千乘之國, 敬事而信, 節用而愛人, 使民以時."

ChatGPT

공자가 말하였다. "천승千乘의 나라를 다스리려면, 일을 공경하며 성실히 하고, 재용을 절제하며 백성을 사랑하며, 백성을 부릴 때는 때를 맞추어야 한다."

DEEPSEEK

공자가 말하였다. "천승千乘의 나라를 다스림에 있어서는 일을 공경히 하고 신의를 지키며, 재용을 절약하고 백성을 사랑하며, 백성을 부릴 때는 때를 맞추어야 한다."

1-6

子曰: "弟子入則孝, 出則弟, 謹而信, 汎愛衆, 而親仁. 行有餘力, 則以學文."

ChatGPT

공자가 말하였다. "제자는 집에서는 효도하고, 밖에서는 공손하며, 행동은 신중하고 신의를 지키며, 널리 사람들을 사랑하고 인仁한 사람과 가까이해야 한다. 이를 행하고도 힘이 남으면 글을 배워야 한다."

DEEPSEEK

공자가 말하였다. "제자들은 집에서는 효도하고, 밖에서는 공손하며, 삼가고 신의를 지키며, 널리 사람들을 사랑하고 어진 이를 가까이하라. 행할 여력이 있으면 글을 배우라."

| 1-7 |

子夏曰:"賢賢易色;事父母, 能竭其力;事君, 能致其身;與朋友交, 言而有信, 雖曰未學, 吾必謂之學矣."

ChatGPT

자하가 말하였다. "어진 이를 어질게 여기기를 여색을 좋아하는 것보다 더 중히 여기며, 부모를 섬길 때 온 힘을 다하고, 임금을 섬길 때 몸을 바칠 수 있으며, 벗과 사귀면서 신의를 지킨다면, 비록 배우지 않았다고 하더라도 나는 반드시 그를 배운 사람이라 하겠다."

DEEPSEEK

자하가 말하였다. "어진 이를 존중하고 여색을 가볍게 여기며, 부모를 섬기는 데 힘을 다하고, 임금을 섬기는 데 몸을 바치며, 벗과 사귀는 데 말에 신의가 있다면, 비록 배우지 않았다 하더라도 나는 반드시 그를 배운 사람이라 하겠다."

| 1-8 |

子曰:"君子不重則不威, 學則不固. 主忠信, 無友不如己者, 過則勿憚改."

⑤ ChatGPT

공자가 말하였다. "군자가 신중하지 않으면 위엄이 서지 않으며, 배움도 견고하지 못하다. 충성과 신의를 근본으로 삼고, 자기보다 못한 자와 벗하지 말라. 허물이 있으면 고치기를 두려워하지 말라."

⚫ DEEPSEEK

공자가 말하였다. "군자가 무겁지 않으면 위엄이 없고, 배우면 굳세지 않다. 충실함과 신의를 주로 하며, 자기보다 못한 자를 벗으로 삼지 말고, 잘못이 있으면 고치기를 꺼리지 말라."

| 1-9 |

曾子曰:"愼終追遠, 民德歸厚矣."

⑤ ChatGPT

증자가 말하였다. "사람이 부모의 끝마침을 삼가고, 조상을 정성껏 추모하면, 백성의 덕이 후하게 된다."

⚫ DEEPSEEK

증자가 말하였다. "끝을 삼가고 먼 조상을 추모하면 백성의 덕이 두터워진다."

| 1-10 |

子禽問於子貢曰:"夫子至於是邦也, 必聞其政, 求之與? 抑與之與?"
子貢曰:"夫子溫·良·恭·儉·讓以得之. 夫子之求之也, 其諸異乎人之
求之與!"

⑤ ChatGPT

자금이 자공에게 물었다. "선생님께서 어느 나라에 가시면 반드시 그 나라의 정치를 들으시는데, 그것을 구하신 것입니까? 아니면 주어진 것입니까?" 자공이 말하였다. "선생님께서는 온화하고, 어질며, 공손하고, 검소하며, 겸양함으로써 그것을 얻으셨다. 선생님께서 그것을 구하셨다고 해도, 보통 사람들이 구하는 것과는 다르지 않겠는가?"

⚫ DEEPSEEK

자금이 자공에게 물었다. "선생님께서 어느 나라에 가시면 반드시 그 나라의 정사를 들으시는데, 스스로 구하시는 것입니까? 아니면 그들이 주는 것입니까?"
자공이 말하였다. "선생님께서는 온화하고, 어질고, 공손하고, 검소하고, 겸양하심으로써 얻으십니다. 선생님께서 구하시는 것은 다른 사람들이 구하는 것과는 다릅니다."

| 1-11 |

子曰: "父在, 觀其志; 父沒, 觀其行. 三年無改於父之道, 可謂孝矣."

⑤ ChatGPT

공자가 말하였다. "아버지가 살아 계실 때에는 그의 뜻을 보고, 아버지가 돌아가신 뒤에는 그의 행동을 본다. 삼 년 동안 아버지의 도를 고치지 않는다면, 이는 효라 할 만하다."

⚫ DEEPSEEK

공자가 말하였다. "아버지가 살아 계실 때는 그의 뜻을 보고, 아버지가 돌아가신 후에는 그의 행동을 보라. 삼 년 동안 아버지의 도를 고치지 않으면 효도라 할 수 있다."

有子曰:"禮之用, 和爲貴, 先王之道, 斯爲美, 小大由之. 有所不行, 知
和而和, 不以禮節之, 亦不可行也."

⑤ ChatGPT

유자가 말하였다. "예禮를 행하는 데에는 조화를 귀하게 여긴다. 옛 성왕의
도는 이것을 아름답게 여겼으며, 큰 일과 작은 일이 모두 이에 따랐다. 그러
나 가려서 행하지 않으면 안 된다. 조화만을 추구하고 예로 절제하지 않는다
면, 그것 또한 행할 수 없는 것이다."

◈ DEEPSEEK

유자가 말하였다. "예의 쓰임은 화합을 귀하게 여기는 것이다. 옛 왕의 도는
이것을 아름답게 여겼다. 작은 일이나 큰 일이나 모두 이에 따른다. 행하지
못할 때가 있으면, 화합을 알면서도 화합만을 구하고 예로써 절제하지 않으
면 또한 행할 수 없다."

有子曰:"信近於義, 言可復也;恭近於禮, 遠恥辱也;因不失其親, 亦
可宗也."

⑤ ChatGPT

유자가 말하였다. "신의가 의義에 가까우면 말한 것을 실천할 수 있고, 공손
함이 예禮에 가까우면 치욕을 멀리할 수 있다. 사람을 대함에 친근함을 잃지
않으면 그 또한 본받을 만하다."

◈ DEEPSEEK

유자가 말하였다. "신의가 의에 가까우면 말을 되풀이할 수 있다. 공손함이

예에 가까우면 치욕을 멀리할 수 있다. 인연을 잃지 않고 친근함을 유지하면 또한 종주로 삼을 수 있다."

子曰: "君子食無求飽, 居無求安, 敏於事而愼於言, 就有道而正焉, 可謂好學也已."

ChatGPT
공자가 말하였다. "군자는 먹음에 배부름을 구하지 않고, 거처함에 편안함을 구하지 않으며, 일에는 민첩하고 말에는 신중하며, 도道가 있는 이에게 나아가 자신의 행동을 바로잡는다. 이와 같다면 학문을 좋아한다고 이를 만하다."

DEEPSEEK
공자가 말하였다. "군자는 배부름을 구하지 않고, 편안함을 구하지 않으며, 일에 민첩하고 말에 신중하며, 도가 있는 이를 가까이하여 자신을 바르게 한다면, 이를 배우기를 좋아한다고 말할 수 있다."

子貢曰: "貧而無諂, 富而無驕, 何如?" 子曰: "可也, 未若貧而樂, 富而好禮者也." 子貢曰: "《詩》云:'如切如磋, 如琢如磨.' 其斯之謂與!" 子曰: "賜也, 始可與言《詩》已矣, 告諸往而知來者."

ChatGPT
자공이 물었다. "가난하면서도 아첨하지 않고, 부유하면서도 교만하지 않다면 어떻습니까?"

공자가 대답하였다. "괜찮다. 하지만 가난하면서도 즐거워하고, 부유하면서도 예禮를 좋아하는 것만은 못하다."

자공이 말하였다. "《시경》에 '마치 자르고 다듬는 듯, 마치 쪼고 갈아내는 듯하다.'라고 한 것은 바로 이것을 뜻하는 것이 아닙니까?"

공자가 말하였다. "사賜(자공)여! 이제야 비로소 너와 더불어《시경》을 논할 수 있겠구나! 지난 일을 일러주면 앞으로 나아갈 것을 아는구나."

DEEPSEEK

자공이 말하였다. "가난하지만 아첨하지 않고, 부유하지만 교만하지 않으면 어떻습니까?"

공자가 말하였다. "괜찮다. 그러나 가난하면서도 즐거워하고, 부유하면서도 예를 좋아하는 자만 못하다."

자공이 말하였다. "《시경》에 이르기를 '끊고 쪼고, 갈고 닦는다.'고 하였으니, 이를 두고 말씀하신 것입니까?"

공자가 말하였다. "사賜야, 이제 너와《시경》을 말할 수 있겠다. 지난 일을 말하면 오는 일을 안다."

| 1-16 |

子曰: "不患人之不己知, 患不知人也."

ChatGPT

공자가 말하였다. "남이 나를 알아주지 않음을 걱정하지 말고, 내가 남을 알지 못함을 걱정해야 한다."

DEEPSEEK

공자가 말하였다. "남이 나를 알아주지 않음을 걱정하지 말고, 내가 남을 알지 못함을 걱정하라."

2. 위정爲政

| 2-1 |

子曰:"爲政以德, 譬如北辰, 居其所而衆星共之."

ⓢ ChatGPT

공자가 말하였다. "덕德으로 정치를 하면 북극성이 제자리를 지키고 있으면 여러 별이 그를 향해 도는 것과 같다."

ⓓ DEEPSEEK

공자가 말하였다. "덕으로 정치를 하면 북극성과 같아서 그 자리에 있으면 모든 별들이 그를 둘러싼다."

| 2-2 |

子曰:"《詩》三百, 一言以蔽之, 曰'思無邪'."

ⓢ ChatGPT

공자가 말하였다. "《시경》300편의 뜻을 한마디로 요약하면 '생각에 사특함이 없다.'이다."

ⓓ DEEPSEEK

공자가 말하였다. "《시》삼백 편을 한마디로 요약하면 '생각에 사특함이 없다.'라고 할 수 있다."

子曰:"道之以政, 齊之以刑, 民免而無恥;道之以德, 齊之以禮, 有恥 且格."

⑤ ChatGPT

공자가 말하였다. "정치로 이끌고 형벌로 다스리면 백성은 형벌을 면하려고 만 하고 부끄러움을 모른다. 덕으로 이끌고 예禮로 다스리면 부끄러워할 줄 알게 되고 바르게 된다."

🐳 DEEPSEEK

공자가 말하였다. "정치로 다스리고 형벌로 가지런히 하면 백성은 벌을 면 하려 하지만 부끄러움을 모른다. 덕으로 다스리고 예禮로 가지런히 하면 백 성은 부끄러움을 알고 바르게 된다."

子曰:"吾十有五而志于學, 三十而立, 四十而不惑, 五十而知天命, 六 十而耳順, 七十而從心所欲不踰矩."

⑤ ChatGPT

공자가 말하였다. "나는 열다섯 살에 학문에 뜻을 두었고, 서른 살에 자립하 였으며, 마흔 살에 의혹이 없어졌고, 쉰 살에 천명을 알았고, 예순 살에 남의 말을 순순히 들었고, 일흔 살에 마음대로 행동해도 규범을 벗어나지 않았다."

🐳 DEEPSEEK

공자가 말하였다. "나는 열다섯 살에 학문에 뜻을 두었고, 서른 살에 자립하 였으며, 마흔 살에 의혹이 없었고, 쉰 살에 천명을 알았으며, 예순 살에 귀가 순해졌고, 일흔 살에 마음대로 해도 법도를 넘지 않았다."

2-5

孟懿子問孝. 子曰:"無違." 樊遲御, 子告之曰:"孟孫問孝於我, 我對曰:'無違.'" 樊遲曰:"何謂也?" 子曰:"生事之以禮, 死葬之以禮, 祭之以禮."

ChatGPT

맹의자가 효에 대해 물었다.

공자가 대답하였다. "어기지 않는 것이다."

번지가 마차를 몰 때 공자가 그에게 말하였다. "맹손이 나에게 효에 대해 물어, 나는 '어기지 않는 것이다.'라고 대답하였다."

번지가 물었다. "무슨 뜻입니까?"

공자가 말하였다. "살아 계실 때는 예로 섬기고, 돌아가시면 예로 장사 지내며, 예로 제사를 지내는 것이다."

DEEPSEEK

맹의자가 효도를 물었다.

공자가 말하였다. "어긋남이 없게 하라."

번지가 수레를 몰고 있을 때, 공자가 그에게 말하였다. "맹손이 나에게 효도를 물었기에 내가 대답하기를 '어긋남이 없게 하라.'고 하였다."

번지가 말하였다. "무슨 뜻입니까?"

공자가 말하였다. "살아 있을 때는 예로써 섬기고, 죽어서는 예로써 장사 지내며, 제사를 예로써 지내라."

2-6

孟武伯問孝. 子曰:"父母唯其疾之憂."

⑤ ChatGPT

맹무백이 효에 대해 물었다.

공자가 말하였다. "부모는 오직 자식의 병을 걱정하신다."

DEEPSEEK

맹무백이 효도를 물었다.

공자가 말하였다. "부모님은 오직 그 자식의 병을 걱정하신다."

| 2-7 |

子游問孝. 子曰:"今之孝者, 是謂能養. 至於犬馬, 皆能有養. 不敬, 何以別乎?"

⑤ ChatGPT

자유가 효에 대해 물었다.

공자가 말하였다. "지금 사람들이 말하는 효란, 단지 부모를 봉양하는 것이라 한다. 그러나 개나 말도 모두 봉양을 받을 수 있다. 공경하는 마음이 없다면, 그것과 무엇이 다르겠는가?"

DEEPSEEK

자유가 효도를 물었다.

공자가 말하였다. "오늘날의 효도라는 것은 능히 봉양하는 것을 말한다. 그러나 개와 말도 모두 봉양할 수 있다. 공경하지 않으면 무엇으로 구별하겠는가?"

| 2-8 |

子夏問孝. 子曰:"色難. 有事, 弟子服其勞;有酒食, 先生饌, 曾是以爲
孝乎?"

⑤ChatGPT

자하가 효에 대해 물었다.

공자가 말하였다. "얼굴빛을 온화하게 하는 것이 어렵다. 일이 있으면 아랫
사람이 수고를 하고, 술과 음식을 드릴 때 어른께 먼저 올리는 것, 이것만으
로 효라고 할 수 있겠는가?"

⒩ DEEPSEEK

자하가 효도를 물었다.

공자가 말하였다. "안색이 어렵다. 일이 있으면 제자가 그 수고를 맡고, 술과
음식이 있으면 어른께 먼저 드려야 한다. 이것을 효도라고 하겠는가?"

| 2-9 |

子曰:"吾與回言終日, 不違如愚. 退而省其私, 亦足以發, 回也不愚."

⑤ChatGPT

공자가 말하였다. "내가 안회顏回와 하루 종일 이야기를 나누어도 반박하지
않으니 마치 어리석은 것 같다. 그러나 물러나 그의 사사로운 행동을 살펴
보면 충분히 스스로 깨닫고 실천하고 있으니, 안회는 어리석지 않다."

⒩ DEEPSEEK

공자가 말하였다. "나는 회回와 종일 말을 나누어도 어긋남이 없어 어리석
은 듯하였다. 물러나서 그 사적인 행동을 살펴보니 또한 충분히 발휘할 만
하였다. 회는 어리석지 않다."

子曰: "視其所以, 觀其所由, 察其所安, 人焉廋哉? 人焉廋哉?"

ⓢ ChatGPT

공자가 말하였다. "그가 하는 일을 보고, 그가 그것을 이루는 방법을 살피며, 그가 편안해하는 바를 관찰하라. 그러면 사람이 어떻게 숨길 수 있겠는가? 사람이 어떻게 숨길 수 있겠는가?"

◆ DEEPSEEK

공자가 말하였다. "그가 하는 바를 보고, 그가 가는 바를 관찰하며, 그가 편안히 여기는 바를 살펴라. 사람이 어디 숨겠는가? 사람이 어디 숨겠는가?"

子曰: "溫故而知新, 可以爲師矣."

ⓢ ChatGPT

공자가 말하였다. "옛것을 익히고 새것을 알면 스승이 될 수 있다."

◆ DEEPSEEK

공자가 말하였다. "옛것을 익히고 새것을 알면 스승이 될 수 있다."

子曰: "君子不器."

ⓢ ChatGPT

공자가 말하였다. "군자는 한 가지 용도로만 쓰이는 그릇과 같아서는 안 된다."

DEEPSEEK

공자가 말하였다. "군자는 그릇이 아니다."

| 2-13 |

子貢問君子. 子曰: "先行其言而後從之."

ChatGPT

자공이 군자에 대해 물었다.

공자가 말하였다. "먼저 행동하고 나서야 말이 따라야 한다."

DEEPSEEK

자공이 군자에 대해 물었다.

공자가 말하였다. "먼저 그 말을 실행하고 그 뒤에 말을 따른다."

| 2-14 |

子曰: "君子周而不比, 小人比而不周."

ChatGPT

공자가 말하였다. "군자는 두루 어울리되 편당하지 않고, 소인은 편당하여 두루 어울리지 않는다."

DEEPSEEK

공자가 말하였다. "군자는 두루 사귀어도 편당하지 않고, 소인은 편당해도 두루 사귀지 않는다."

子曰:"學而不思則罔, 思而不學則殆."

⑤ ChatGPT

공자가 말하였다. "배우기만 하고 생각하지 않으면 어리석고, 생각만 하고 배우지 않으면 위태롭다."

⟁ DEEPSEEK

공자가 말하였다. "배우기만 하고 생각하지 않으면 헛되고, 생각하기만 하고 배우지 않으면위태롭다."

子曰:"攻乎異端, 斯害也已."

⑤ ChatGPT

공자가 말하였다. "이단을 깊이 연구하면 해로울 뿐이다."

⟁ DEEPSEEK

공자가 말하였다. "이단異端을 공격하면, 이는 해로울 뿐이다."

子曰:"由! 誨女知之乎! 知之爲知之, 不知爲不知, 是知也."

⑤ ChatGPT

공자가 말하였다. "유由(자로)야! 너에게 '앎'에 대해 가르쳐주겠다. 아는 것을 안다고 하고, 모르는 것을 모른다고 하는 것, 이것이 참된 앎이다."

DEEPSEEK

공자가 말하였다. "유야! 너에게 아는 것을 가르쳐주마! 아는 것을 안다 하고, 모르는 것을 모른다 하는 것이 아는 것이다."

2-18

子張學干祿. 子曰:"多聞闕疑, 愼言其餘, 則寡尤;多見闕殆, 愼行其餘, 則寡悔. 言寡尤, 行寡悔, 祿在其中矣."

ChatGPT

자장이 벼슬을 구하는 방법을 배우고자 하였다.

공자가 말하였다. "많이 듣되 의심스러운 것은 제외하고, 나머지는 신중하게 말하면 허물이 적어질 것이다. 많이 보되 위태로운 것은 제외하고, 나머지는 신중하게 행하면 후회가 적어질 것이다. 말에 허물이 적고, 행동에 후회가 적다면, 벼슬은 그 속에 있는 것이다."

DEEPSEEK

자장이 벼슬하는 법을 배우려 하였다.

공자가 말하였다. "많이 들으면서 의심나는 것은 빼고, 나머지는 말을 삼가면 허물이 적다. 많이 보면서 위태로운 것은 빼고, 나머지는 행동을 삼가면 후회가 적다. 말에 허물이 적고, 행동에 후회가 적으면 벼슬이 그 안에 있다."

2-19

哀公問曰:"何爲則民服?" 孔子對曰:"舉直錯諸枉, 則民服;舉枉錯諸直, 則民不服."

ChatGPT

애공이 물었다. "어떻게 하면 백성이 따릅니까?"

공자가 대답하였다. "곧은 이를 들어 쓰고, 그릇된 이를 그 곁에 두면 백성이 따를 것이요, 그릇된 이를 들어 쓰고, 곧은 이를 그 곁에 두면 백성이 따르지 않을 것입니다."

DEEPSEEK

애공이 물었다. "어떻게 하면 백성이 복종하겠는가?"

공자가 대답하였다. "곧은 이를 들어 굽은 이를 버리면 백성이 복종하고, 굽은 이를 들어 곧은 이를 버리면 백성이 복종하지 않는다."

2-20

> 季康子問:"使民敬·忠以勸, 如之何?" 子曰:"臨之以莊, 則敬;孝慈, 則忠;擧善而敎不能, 則勸."

ChatGPT

계강자가 물었다. "백성이 공경하고 충성하며 힘써 일하게 하려면 어떻게 해야 합니까?"

공자가 대답하였다. "엄숙하게 대하면 공경하고, 효도하고 자애로우면 충성하며, 어진 이를 등용하고 능하지 못한 자를 가르치면 힘써 따를 것입니다."

DEEPSEEK

계강자가 물었다. "백성으로 하여금 공경하고 충성하며 권면하게 하려면 어떻게 해야 하는가?"

공자가 말하였다. "엄숙하게 대하면 공경하고, 효도하고 자애로우면 충성하며, 선한 이를 들어 능력 없는 이를 가르치면 권면한다."

或謂孔子曰:"子奚不爲政?" 子曰:"書云:'孝乎惟孝, 友于兄弟, 施於
有政.' 是亦爲政, 奚其爲爲政?"

⑤ ChatGPT

어떤 사람이 공자에게 말하였다. "선생님께서는 왜 정치를 하지 않으십니
까?"

공자가 대답하였다. "《서경》에 이르기를, '효도하라, 참으로 효도하라. 형제
에게 우애하라. 그러면 자연히 정치에 미치게 된다.'라고 하였다. 이것 역시
정치인데, 내가 어찌 굳이 정치를 해야 하겠는가?"

◆ DEEPSEEK

어떤 사람이 공자에게 말하였다. "선생님은 어찌하여 정치를 하지 않으십니
까?"

공자가 말하였다. "《서경》에 이르기를 '효도하라, 오직 효도하고, 형제에게
우애롭게 하라, 정치에 베풀라.'고 하였다. 이것도 정치이다. 어찌하여 정치
를 하지 않는다고 하는가?"

子曰:"人而無信, 不知其可也. 大車無輗, 小車無軏, 其何以行之哉?"

⑤ ChatGPT

공자가 말하였다. "사람이 신의가 없으면, 그가 어떻게 설 수 있는지 알 수
없다. 큰 수레에 멍에가 없고, 작은 수레에 가로장이 없으면, 어찌 그것을 움
직일 수 있겠는가?"

☞ DEEPSEEK

공자가 말하였다. "사람이 신의가 없으면 어떻게 될지 알 수 없다. 큰 수레가 끌채가 없고, 작은 수레가 멍에가 없으면 어떻게 달릴 수 있겠는가?"

| 2-23 |

子張問:"十世可知也?"子曰:"殷因於夏禮, 所損益, 可知也;周因於殷禮, 所損益, 可知也. 其或繼周者, 雖百世, 可知也."

⑤ ChatGPT

자장이 물었다. "십 세대 이후의 일을 알 수 있습니까?"

공자가 대답하였다. "은殷은 하夏의 예를 계승하였고, 그 증감損益을 알 수 있다. 주周는 은의 예를 계승하였고, 그 증감을 알 수 있다. 만약 주를 계승하는 자가 있다면, 비록 백 세대가 지나더라도 알 수 있을 것이다."

☞ DEEPSEEK

자장이 물었다. "십 세대 후를 알 수 있습니까?"

공자가 말하였다. "은나라는 하나라의 예를 이어받아 더하고 덜은 것을 알 수 있고, 주나라는 은나라의 예를 이어받아 더하고 덜은 것을 알 수 있다. 주나라를 이을 자가 있으면 비록 백 세대라도 알 수 있다."

| 2-24 |

子曰:"非其鬼而祭之, 諂也. 見義不爲, 無勇也."

⑤ ChatGPT

공자가 말하였다. "자기 조상이 아닌 귀신에게 제사를 지내는 것은 아첨하는 것이다. 옳은 일을 보고도 행하지 않는 것은 용기가 없는 것이다."

DEEPSEEK

공자가 말하였다. "자기 조상이 아닌 귀신에게 제사 지내는 것은 아첨이다. 의로움을 보고도 행하지 않는 것은 용기가 없는 것이다."

3. 팔일八佾

孔子謂季氏:"八佾舞於庭, 是可忍也, 孰不可忍也?"

🟢 ChatGPT

공자가 계씨에 대해 말하였다. "팔일八佾의 춤을 사가私家의 뜰에서 추게 하다니, 이것을 참을 수 있다면, 무엇을 참지 못하겠는가?"

🔵 DEEPSEEK

공자가 계씨에 대해 말하였다. "팔일의 춤을 자기 집 뜰에서 추다니, 이것을 참을 수 있다면 무엇을 참을 수 없겠는가?"

三家者以《雍》徹. 子曰:"'相維辟公, 天子穆穆', 奚取於三家之堂?"

🟢 ChatGPT

세 가문(계씨季氏, 맹씨孟氏, 숙손씨叔孫氏)이 제사에서 〈옹雍〉 노래를 부르며 제물을 거두었다.
공자가 말하였다. "'서로 보좌하는 것은 제후요, 천자는 엄숙하도다.'라는 구절이 어떻게 삼가三家의 사당과 어울릴 수 있겠는가?"

🔵 DEEPSEEK

세 가문이 〈옹雍〉이라는 노래로 제사를 마쳤다.
공자가 말하였다. "'제후들이 도와주고, 천자는 엄숙하시다.'라는 이 노래를,

어찌 세 가문의 집안에서 부르는가?”

3-3

子曰:“人而不仁, 如禮何? 人而不仁, 如樂何?”

⑤ ChatGPT
공자가 말하였다. “사람이 인仁하지 않다면, 예禮를 어떻게 하겠는가? 사람이 인하지 않다면, 음악(樂)을 어떻게 하겠는가?”

◆ DEEPSEEK
공자가 말하였다. “사람이 어질지 않으면 예를 어떻게 하겠는가? 사람이 어질지 않으면 음악을 어떻게 하겠는가?”

3-4

林放問禮之本. 子曰:“大哉! 問. 禮, 與其奢也, 寧儉;喪, 與其易也, 寧戚.”

⑤ ChatGPT
임방이 예禮의 근본에 대해 물었다.
공자가 말하였다. “훌륭한 질문이로다! 예는 사치스러운 것보다 검소한 것이 낫고, 초상은 형식적이고 가벼운 것보다 애통한 것이 낫다.”

◆ DEEPSEEK
임방이 예禮의 근본을 물었다.
공자가 말하였다. “훌륭한 질문이로다! 예는 사치스러운 것보다는 차라리 검소한 것이 좋고, 상례喪禮는 형식적으로 하는 것보다는 차라리 슬퍼하는 것이 좋다."

3-5

子曰:"夷狄之有君, 不如諸夏之亡也."

⑤ ChatGPT
공자가 말하였다. "오랑캐(夷狄)에게 군주가 있다고 해도, 중국(諸夏)에서 군주가 없는 것만 못하다."

⚫ DEEPSEEK
공자가 말하였다. "오랑캐(夷狄)에게는 군주가 있더라도, 중화(諸夏)에게 군주가 없는 것만 못하다."

3-6

季氏旅於泰山. 子謂冉有曰:"女弗能救與?" 對曰:"不能." 子曰:"嗚呼!曾謂泰山不如林放乎?"

⑤ ChatGPT
계씨가 태산泰山에서 큰 제사를 지내려 하였다.
공자가 염유에게 말하였다. "네가 이를 막지 못하겠느냐?"
염유가 대답하였다. "막지 못하겠습니다."
공자가 말하였다. "아! 태산이 임방보다 못하단 말인가?"

⚫ DEEPSEEK
계씨가 태산泰山에 제사를 지냈다.
공자가 염유에게 말하였다. "너는 이를 막지 못했느냐?"

염유가 대답하였다. "막지 못했습니다."

공자가 말하였다. "아! 태산이 임방만도 못하다고 말할 수 있겠는가?"

| 3-7 |

子曰:"君子無所爭, 必也射乎! 揖讓而升, 下而飮, 其爭也君子."

ChatGPT

공자가 말하였다. "군자는 다투는 일이 없지만, 있다면 아마 활쏘기일 것이다. 서로 공손히 인사하고 올라가며, 내려와서 함께 술을 마시니, 군자의 다툼이로다."

DEEPSEEK

공자가 말하였다. "군자는 다툼이 없으나, 반드시 활쏘기에서는 다투겠지! 서로 읍양揖讓하며 올라가고, 내려와서 술을 마시니, 그 다툼도 군자답다."

| 3-8 |

子夏問曰:"'巧笑倩兮, 美目盼兮, 素以爲絢兮', 何謂也?" 子曰:"繪事後素." 曰:"禮後乎?" 子曰:"起予者商也, 始可與言《詩》已矣."

ChatGPT

자하가 물었다. "'아름다운 미소에 보조개가 보이고, 맑은 눈동자가 반짝이며, 흰 바탕 위에 그림이 그려졌도다.'는 무엇을 의미합니까?"

공자가 말하였다. "그림을 그릴 때 흰 바탕이 먼저 있은 후에 채색하는 것이다."

자하가 다시 물었다. "그렇다면 예禮도 뒤에 오는 것입니까?"

공자가 말하였다. "나를 일깨우는 자가 상商(자하)이로구나! 이제야 비로소 그와 《시詩》에 대해 이야기할 수 있겠구나."

DEEPSEEK

자하가 물었다. "'아름다운 미소와 빛나는 눈동자, 흰 바탕에 아름다운 색깔'이라는 말은 무엇을 뜻합니까?"

공자가 말하였다. "그림은 흰 바탕을 뒤에 두고 그리는 것이다."

자하가 말하였다. "예禮도 뒤에 두는 것입니까?"

공자가 말하였다. "나를 깨우쳐준 사람은 상商(자하의 이름)이로다. 이제 함께 《시詩》를 말할 수 있겠다."

| 3-9 |

子曰: "夏禮吾能言之, 杞不足徵也; 殷禮吾能言之, 宋不足徵也, 文獻
不足故也, 足則吾能徵之矣."

ChatGPT

공자가 말하였다. "하夏나라의 예禮를 말할 수 있으나, 기杞나라가 미약하여 증거가 부족하다. 은殷나라의 예를 말할 수 있으나, 송宋나라가 미약하여 증거가 부족하다. 문헌이 부족하기 때문이다. 만약 문헌이 충분하다면 나는 이를 증명할 수 있을 것이다."

DEEPSEEK

공자가 말하였다. "하夏나라의 예禮는 내가 말할 수 있으나, 기杞나라에서는 증거가 충분하지 않다. 은殷나라의 예는 내가 말할 수 있으나, 송宋나라에서는 증거가 충분하지 않다. 문헌이 충분하지 않기 때문이니, 충분하다면 나는 증거를 들 수 있을 것이다."

子曰:"禘自旣灌而往者, 吾不欲觀之矣."

ChatGPT

공자가 말하였다. "체제禘祭에서 초헌례初獻禮가 끝난 이후부터는 나는 보고 싶지 않다."

DEEPSEEK

공자가 말하였다. "제사(禘)에서 술을 붓는 절차가 끝난 뒤의 것은 보고 싶지 않다."

或問禘之說. 子曰:"不知也. 知其說者之於天下也, 其如示諸斯乎!" 指其掌.

ChatGPT

어떤 사람이 체제禘祭의 의미에 대해 물었다.

공자가 말하였다. "나도 알지 못한다. 이를 아는 자가 천하를 다스린다면, 아마 이 손바닥 보듯 할 것이다."

그러면서 자신의 손바닥을 가리켰다.

DEEPSEEK

어떤 사람이 제사(禘)의 의미를 물었다.

공자가 말하였다. "모르겠다. 그 의미를 아는 사람이 천하를 다스린다면, 마치 이것을 손바닥에 보여주는 것과 같을 것이다."

그러며 손바닥을 가리켰다.

祭如在, 祭神如神在. 子曰:"吾不與祭, 如不祭."

⑤ ChatGPT

제사를 지낼 때는 조상이 계신 것처럼 하고, 신을 모실 때는 신이 계신 것처럼 해야 한다.

공자가 말하였다. "나는 직접 제사에 참여하지 않으면, 제사를 지내지 않은 것과 같다고 여긴다."

◆ DEEPSEEK

제사를 지낼 때는 마치 신이 있는 것처럼 하고, 신에게 제사를 지낼 때는 마치 신이 있는 것처럼 해야 한다.

공자가 말하였다. "내가 제사에 참여하지 않으면, 제사를 지내지 않은 것과 같다."

王孫賈問曰:"與其媚於奧, 寧媚於竈, 何謂也?" 子曰:"不然, 獲罪於天, 無所禱也."

⑤ ChatGPT

왕손가가 물었다. "'안방의 신보다 부엌의 신을 섬기는 것이 낫다.'라는 말은 무슨 뜻입니까?"

공자가 말하였다. "그렇지 않다. 하늘에 죄를 지으면 어디에도 빌 곳이 없다."

◆ DEEPSEEK

왕손가가 물었다. "'아궁이(奧)에 아첨하기보다는 부엌(竈)에 아첨하는 것이 낫다.'는 말은 무슨 뜻입니까?"

공자가 말하였다. "그렇지 않다. 하늘에 죄를 짓게 되면, 빌 곳이 없게 된다."

3-14

子曰:"周監於二代, 郁郁乎文哉! 吾從周."

⑤ ChatGPT
공자가 말하였다. "주周나라는 하夏와 은殷 두 왕조를 거울삼아 문화를 찬란하게 꽃피웠다. 나는 주나라의 예법을 따를 것이다."

❖ DEEPSEEK
공자가 말하였다. "주周나라가 두 시대(하나라와 은나라)를 참고하여 만든 제도는 아름답고 화려하도다! 나는 주나라를 따르겠다."

3-15

子入大廟, 每事問. 或曰:"孰謂鄹人之子知禮乎? 入大廟, 每事問." 子聞之曰:"是禮也."

⑤ ChatGPT
공자가 태묘太廟에 들어가서 매사에 물었다.
어떤 사람이 말하였다. "누가 추鄹나라 사람의 자식이 예禮를 안다고 했는가? 태묘에 들어가서 매사에 묻고 있다."
공자가 이 말을 듣고 말하였다. "이것이 바로 예이다."

❖ DEEPSEEK
공자가 태묘太廟에 들어가서 모든 일을 물었다.
어떤 사람이 말하였다. "추鄹 땅 아들이 예禮를 안다고 누가 말했는가? 태묘에 들어가서 모든 일을 묻는다."

공자가 이 말을 듣고 말하였다. "이것이 예이다."

| 3-16 |

子曰: "射不主皮, 爲力不同科, 古之道也."

⑤ ChatGPT

공자가 말하였다. "활쏘기는 가죽을 뚫는 데 주안점을 두지 않는다. 이는 힘의 차이가 같지 않기 때문이니, 옛날의 도道이다."

❤ DEEPSEEK

공자가 말하였다. "활쏘기에서 가죽을 뚫는 것을 중요하게 여기지 않는 것은, 힘이 사람마다 다르기 때문이니, 옛날의 도道이다."

| 3-17 |

子貢欲去告朔之餼羊. 子曰: "賜也, 爾愛其羊, 我愛其禮."

⑤ ChatGPT

자공이 초하루의 희생양을 없애고자 하였다.

공자가 말하였다. "사賜야, 너는 그 양을 아끼지만, 나는 그 예禮를 아낀다."

❤ DEEPSEEK

자공이 초하루 제사의 희생양을 없애려고 하였다.

공자가 말하였다. "사賜(자공의 이름)야, 너는 그 양을 아끼지만, 나는 그 예禮를 아낀다."

子曰:"事君盡禮, 人以爲諂也."

---

⑤ ChatGPT

공자가 말하였다. "임금을 섬길 때 예禮를 다하면, 사람들은 이를 아첨이라 여긴다."

🐋 DEEPSEEK

공자가 말하였다. "군주를 섬기되 예禮를 다하면, 사람들은 아첨한다고 여긴다."

定公問:"君使臣, 臣事君, 如之何?" 孔子對曰:"君使臣以禮, 臣事君以忠."

---

⑤ ChatGPT

정공이 물었다. "임금이 신하를 부리고, 신하가 임금을 섬기는 것은 어떻게 해야 하는가?"

공자가 대답하였다. "임금은 예禮로써 신하를 부리고, 신하는 충忠으로써 임금을 섬겨야 합니다."

🐋 DEEPSEEK

정공이 물었다. "군주가 신하를 부리고, 신하가 군주를 섬기는 것은 어떻게 해야 하는가?"

공자가 대답하였다. "군주는 신하를 예禮로써 부리고, 신하는 군주를 충성으로써 섬겨야 합니다."

子曰:"《關雎》, 樂而不淫, 哀而不傷."

ChatGPT

공자가 말하였다. "〈관저關雎〉는 즐거우면서도 방탕하지 않으며, 슬프면서
도 상처를 주지 않는다."

DEEPSEEK

공자가 말하였다. "〈관저關雎〉는 즐겁지만 음탕하지 않고, 슬프지만 상심하
지 않는다."

哀公問社於宰我. 宰我對曰:"夏后氏以松, 殷人以栢, 周人以栗, 曰'使
民戰栗'." 子聞之曰:"成事不說, 遂事不諫, 既往不咎."

ChatGPT

애공이 사社에 대해 재아에게 물었다.

재아가 대답하였다. "하夏나라는 소나무를 사용하고, 은殷나라는 잣나무를
사용하며, 주周나라는 밤나무를 사용하였는데, 이를 '백성들이 전율戰栗하게
하기 위함'이라 하였습니다."

공자가 이 말을 듣고 말하였다. "이미 이루어진 일은 말하지 않으며, 이미 끝
난 일은 간언하지 않으며, 이미 지나간 일은 책망하지 않는다."

DEEPSEEK

애공이 재아에게 사직社稷에 대해 물었다.

재아가 대답하였다. "하夏나라 사람들은 소나무를, 은殷나라 사람들은 잣나
무를, 주周나라 사람들은 밤나무를 심었으니, 백성들로 하여금 전율하게 하

려 함이었습니다."

공자가 이 말을 듣고 말하였다. "이미 이루어진 일은 말하지 않고, 이미 지나간 일은 간하지 않으며, 이미 지나간 일은 탓하지 않는다."

| 3-22 |

子曰:"管仲之器小哉!" 或曰:"管仲儉乎?" 曰:"管氏有三歸, 官事不攝, 焉得儉?" "然則管仲知禮乎?" 曰:"邦君樹塞門, 管氏亦樹塞門;邦君爲兩君之好, 有反坫, 管氏亦有反坫. 管氏而知禮, 孰不知禮?"

⑤ ChatGPT

공자가 말하였다. "관중의 기량은 참으로 작구나!"

어떤 사람이 물었다. "관중은 검소했습니까?"

공자가 말하였다. "관씨管氏 집안에는 '삼귀三歸'가 있었고, 관직을 겸직하지 않았으니, 어찌 검소하다고 할 수 있겠는가?"

또 물었다. "그렇다면 관중은 예禮를 알았습니까?"

공자가 말하였다. "제후가 나라의 문 앞에 방책(塞門)을 세우면, 관씨 집안도 방책을 세웠고, 제후가 두 나라 사이의 우호를 위해 반점反坫을 두면, 관씨 집안도 반점을 두었다. 관씨가 예를 안다면, 누가 예를 모른다고 할 수 있겠는가?"

⑥ DEEPSEEK

공자가 말하였다. "관중의 그릇은 작도다!"

어떤 사람이 말하였다. "관중은 검소합니까?"

공자가 말하였다. "관씨는 세 군데의 저택을 가지고 있고, 관직 일을 겸하지 않으니, 어떻게 검소하다 하겠는가?"

그러자 그 사람이 말하였다. "그렇다면 관중은 예禮를 압니까?"

공자가 말하였다. "나라의 군주가 문을 막는 병풍을 세우는데, 관씨도 문을 막는 병풍을 세웠다. 나라의 군주가 두 군주의 우호를 위해 반점反坫을 두는데, 관씨도 반점을 두었다. 관씨가 예를 안다면, 누가 예를 모르겠는가?"

子語魯大師樂, 曰:"樂其可知也. 始作翕如也, 從之純如也, 皦如也, 繹如也, 以成."

ChatGPT

공자가 노魯나라 태사太師에게 음악에 대해 말하며 말하였다. "음악은 그 이치를 알 수 있다. 처음 연주할 때에는 조화롭게 어우러지며, 뒤따라가면 순수하고, 밝아지며, 거듭 전개되면서 마침내 완성된다."

DEEPSEEK

공자가 노魯나라의 악사에게 음악에 대해 말하였다. "음악은 알 수 있다. 처음 시작할 때는 화합하는 듯하고, 이어서 순수하고, 밝고, 이어지며, 완성된다."

儀封人請見, 曰:"君子之至於斯也, 吾未嘗不得見也." 從者見之, 出曰:"二三子何患於喪乎? 天下之無道也久矣, 天將以夫子爲木鐸."

ChatGPT

의봉儀封의 관리가 공자를 만나기를 청하며 말하였다. "군자가 이곳에 오시면, 나는 한 번도 뵙지 못한 적이 없었습니다."
공자의 수행원이 그를 만나게 하니, 그가 나와서 말하였다. "여러분, 어찌 공자의 뜻이 받아들여지지 않는 것을 걱정하는가? 천하가 무도無道한 지 오래

되었으니, 하늘께서 선생님을 목탁木鐸으로 삼으려 하시는 것이리라."

DEEPSEEK

의儀 땅의 성문 지키는 자가 뵙기를 청하며 말하였다. "군자가 이곳에 오시면 내가 한 번도 뵙지 못한 적이 없소."

공자의 제자들이 그를 소개하자, 그가 나와서 말하였다. "여러분, 어찌하여 도道를 잃는 것을 근심하십니까? 천하가 도 없이 오래되었으니, 하늘이 장차 스승님을 목탁木鐸으로 삼으실 것입니다."

| **3-25** |

　子謂韶:"盡美矣, 又盡善也." 謂武:"盡美矣, 未盡善也."

ChatGPT

공자가 소韶에 대해 말하였다. "아름다움이 지극할 뿐만 아니라, 또한 선함도 지극하다."

무武에 대해 말하였다. "아름다움이 지극하지만, 선함은 지극하지 못하다."

DEEPSEEK

공자가 소韶 음악에 대해 말하였다. "아름다움은 지극하고, 또한 선함도 지극하구나."

무武 음악에 대해 말하였다. "아름다움은 지극하나, 선함은 지극하지 못하구나."

| **3-26** |

　子曰:"居上不寬, 爲禮不敬, 臨喪不哀, 吾何以觀之哉?"

---

⑤ ChatGPT

공자가 말하였다. "윗자리에 있으면서 너그럽지 못하고, 예禮를 행하면서 공경하지 않으며, 초상에 임하여 슬퍼하지 않는다면, 내가 무엇을 보고 그 사람을 평가하겠는가?"

⑥ DEEPSEEK

공자가 말하였다. "윗자리에 있으면서 너그럽지 못하고, 예禮를 행하면서 공경하지 않으며, 상례喪禮에 임하면서 슬퍼하지 않는다면, 내가 무엇을 보겠는가?"

4. 이인里仁

| 4-1 |

子曰:"里仁爲美, 擇不處仁, 焉得知?"

⟲ ChatGPT

공자가 말하였다. "마을은 인仁이 있는 곳이 아름답다. 인한 곳에 거하기를 선택하지 않는다면, 어찌 지혜롭다 할 수 있겠는가?"

⟲ DEEPSEEK

공자가 말하였다. "인仁이 있는 마을에 사는 것이 아름답다. 인을 택하지 않고 어디에 거처한다면 어찌 지혜롭다 하겠는가?"

| 4-2 |

子曰:"不仁者不可以久處約, 不可以長處樂. 仁者安仁, 知者利仁."

⟲ ChatGPT

공자가 말하였다. "어진 사람이 아닌 자는 오래도록 곤궁한 처지에 있을 수도 없고, 오래도록 즐거운 처지에 있을 수도 없다. 어진 사람은 인仁을 편안하게 여기고, 지혜로운 사람은 인을 이롭게 여긴다."

⟲ DEEPSEEK

공자가 말하였다. "어질지 못한 사람은 오랫동안 궁핍함을 견디지 못하고, 오랫동안 즐거움을 누리지도 못한다. 어진 사람은 어짊을 편안히 여기고, 지혜로운 사람은 어짊을 이롭게 여긴다."

子曰:"惟仁者能好人, 能惡人."

⑤ ChatGPT

공자가 말하였다. "오직 어진 사람만이 사람을 진정으로 좋아할 수도 있고, 진정으로 미워할 수도 있다."

◈ DEEPSEEK

공자가 말하였다. "오직 어진 사람만이 사람을 사랑할 수도 있고, 미워할 수도 있다."

子曰:"苟志於仁矣, 無惡也."

⑤ ChatGPT

공자가 말하였다. "진실로 인仁에 뜻을 두었다면, 악한 행동을 할 수 없다."

◈ DEEPSEEK

공자가 말하였다. "진실로 인仁을 뜻한다면 악惡이 없을 것이다."

子曰:"富與貴, 是人之所欲也, 不以其道得之, 不處也;貧與賤, 是人之所惡也, 不以其道得之, 不去也. 君子去仁, 惡乎成名? 君子無終食之間違仁, 造次必於是, 顚沛必於是."

⑤ ChatGPT

공자가 말하였다. "부富와 귀貴는 사람이 원하는 것이지만, 도道로써 얻지 않
으면 이를 누리지 않는다. 빈貧과 천賤은 사람이 싫어하는 것이지만, 도로써
벗어나지 않으면 떠나지 않는다. 군자가 인仁을 버린다면, 어찌 군자의 이름
을 이룰 수 있겠는가? 군자는 밥 한 끼 먹는 짧은 순간이라도 인에서 떠나지
않으며, 급박한 상황에서도 반드시 이를 지키고, 곤경에 처해도 반드시 이
를 따른다."

ⓦ DEEPSEEK

공자가 말하였다. "부와 귀는 사람들이 원하는 바이지만, 바른 방법으로 얻
은 것이 아니라면 누리지 않는다. 가난과 천함은 사람들이 싫어하는 바이지
만, 바른 방법으로 벗어날 수 없다면 벗어나지 않는다. 군자가 어짊을 버린
다면 어찌 이름을 이룰 수 있겠는가? 군자는 한 끼 먹는 사이에도 어짊을 어
기지 않으며, 급한 때에도 반드시 어짊을 지키고, 위태로운 때에도 반드시
어짊을 지킨다."

| 4-6 |

子曰:"我未見好仁者, 惡不仁者. 好仁者, 無以尙之;惡不仁者, 其爲
仁矣, 不使不仁者加乎其身. 有能一日用其力於仁矣乎? 我未見力不
足者. 蓋有之矣, 我未見也."

---

⑤ ChatGPT

공자가 말하였다. "나는 아직 진정으로 인仁을 좋아하는 자나 불인不仁을 미
워하는 자를 보지 못했다. 인을 좋아하는 자는 그것보다 더 높은 것을 바랄
것이 없을 것이며, 불인을 미워하는 자는 스스로 인을 행하여 불인한 사람
이 자신에게 영향을 미치지 못하게 할 것이다. 하루라도 온 힘을 다해 인을

행할 수 있는 사람이 있다면, 나는 힘이 부족하다고 말하는 자를 본 적이 없다. 아마도 그런 사람이 있을 수도 있겠지만, 나는 아직 보지 못했다."

DEEPSEEK

공자가 말하였다. "나는 아직까지 인仁을 좋아하고, 불인不仁을 미워하는 사람을 보지 못했다. 인을 좋아하는 사람은 그 무엇보다 뛰어나고, 불인을 미워하는 사람은 인을 실천하는 자로, 불인한 것이 자신에게 미치지 않도록 한다. 하루라도 힘을 다해 인을 실천하는 사람이 있겠는가? 나는 힘이 부족한 사람을 보지 못했다. 아마도 있을지 모르나, 나는 아직 보지 못했다."

| 4-7 |

子曰：“人之過也, 各於其黨. 觀過, 斯知仁矣.”

ChatGPT

공자가 말하였다. "사람의 잘못은 각각 그가 속한 무리에서 나타난다. 그가 어떤 잘못을 저지르는지를 보면, 그가 인仁한지를 알 수 있다."

DEEPSEEK

공자가 말하였다. "사람의 잘못은 각기 그 무리(성향)에 따라 다르다. 잘못을 관찰함으로써 어짊을 알 수 있다."

| 4-8 |

子曰：“朝聞道, 夕死可矣.”

ChatGPT

공자가 말하였다. "아침에 도道를 들으면, 저녁에 죽어도 좋다."

DEEPSEEK
공자가 말하였다. "아침에 도道를 들으면 저녁에 죽어도 좋다."

4-9

子曰:"士志於道, 而恥惡衣·惡食者, 未足與議也."

ChatGPT
공자가 말하였다. "선비가 도道에 뜻을 두면서도 초라한 옷과 음식을 부끄러워한다면, 함께 논의할 만한 인물이 못 된다."

DEEPSEEK
공자가 말하였다. "선비가 도道를 뜻하면서도 나쁜 옷과 나쁜 음식을 부끄럽게 여기는 자는 함께 의논할 만한 가치가 없다."

4-10

子曰:"君子之於天下也, 無適也, 無莫也, 義之與比."

ChatGPT
공자가 말하였다. "군자는 천하의 일에 있어 반드시 이렇게 해야 한다는 것도 없고, 반드시 하지 말아야 한다는 것도 없다. 다만 의義를 기준으로 할 뿐이다."

DEEPSEEK
공자가 말하였다. "군자는 천하에 대해 고집하지도 않고, 무시하지도 않으며, 오직 의義에 따라 행동한다."

子曰:"君子懷德, 小人懷土; 君子懷刑, 小人懷惠."

⑤ ChatGPT

공자가 말하였다. "군자는 덕德을 생각하고, 소인은 고향을 생각한다. 군자는 법도를 생각하고, 소인은 혜택을 생각한다."

◆ DEEPSEEK

공자가 말하였다. "군자는 덕을 생각하고, 소인은 땅을 생각한다. 군자는 법을 생각하고, 소인은 은혜를 생각한다."

子曰:"放於利而行, 多怨."

⑤ ChatGPT

공자가 말하였다. "이익만을 좇아 행동하면, 원망이 많아진다."

◆ DEEPSEEK

공자가 말하였다. "이익을 따라 행동하면 원망이 많아진다."

子曰:"能以禮讓爲國乎, 何有? 不能以禮讓爲國, 如禮何?"

⑤ ChatGPT

공자가 말하였다. "예禮와 겸양으로 나라를 다스릴 수 있다면, 무엇이 어렵겠는가? 예와 겸양으로 나라를 다스리지 못한다면, 예를 어떻게 하겠는가?"

DEEPSEEK

공자가 말하였다. "예禮와 양보로 나라를 다스릴 수 있다면 어려운 것이 무엇이겠는가? 예와 양보로 나라를 다스릴 수 없다면, 예를 어찌하겠는가?"

4-14

子曰:"不患無位, 患所以立;不患莫己知, 求爲可知也."

ChatGPT

공자가 말하였다. "지위가 없음을 걱정하지 말고, 자신이 설 수 있는 바를 걱정하라. 사람들이 알아주지 않는 것을 걱정하지 말고, 알아줄 만한 사람이 되기를 힘써라."

DEEPSEEK

공자가 말하였다. "자리가 없음을 걱정하지 말고, 그 자리에 설 수 있는 능력을 걱정하라. 자기가 알려지지 않음을 걱정하지 말고, 알려질 만한 가치를 구하라."

4-15

子曰:"參乎! 吾道一以貫之." 曾子曰:"唯." 子出, 門人問曰:"何謂也?"
曾子曰:"夫子之道, 忠恕而已矣."

ChatGPT

공자가 말하였다. "삼參아! 나의 도道는 하나로 관통되어 있다."
증자가 "예."라고 대답하였다.
공자가 나가자, 문하생들이 물었다. "그게 무슨 뜻입니까?"

증자가 대답하였다. "선생님의 도는 충忠과 서恕일 뿐이다."

🐋 DEEPSEEK

공자가 말하였다. "삼(증삼曾參)아! 나의 도道는 하나로 꿰뚫려 있다."

증자가 대답하였다. "그렇습니다."

공자가 나가자, 제자들이 물었다. "무슨 뜻입니까?"

증자가 말하였다. "선생님의 도는 충忠과 서恕일 뿐입니다."

| 4-16 |

子曰: "君子喻於義, 小人喻於利."

---

⑤ ChatGPT

공자가 말하였다. "군자는 의義에 밝고, 소인은 이利에 밝다."

🐋 DEEPSEEK

공자가 말하였다. "군자는 의義를 알고, 소인은 이익을 안다."

| 4-17 |

子曰: "見賢思齊焉, 見不賢而內自省也."

---

⑤ ChatGPT

공자가 말하였다. "어진 사람을 보면 그와 같아지기를 생각하고, 어질지 못한 사람을 보면 자신을 반성해야 한다."

🐋 DEEPSEEK

공자가 말하였다. "어진 사람을 보면 그와 같아지려 하고, 어질지 못한 사람을 보면 자신을 반성하라."

| 4-18 |

　子曰:"事父母幾諫, 見志不從, 又敬不違, 勞而不怨."

⑤ ChatGPT

공자가 말하였다. "부모를 섬길 때는 조심스럽게 간언諫言하되, 뜻이 받아들여지지 않더라도 공경하며 거스르지 않고, 수고롭게 하더라도 원망하지 않는다."

🐋 DEEPSEEK

공자가 말하였다. "부모를 섬길 때 간언諫言을 하되, 뜻이 따르지 않으면 다시 공경하며 어기지 않고, 수고로워도 원망하지 않는다."

| 4-19 |

　子曰:"父母在, 不遠遊, 遊必有方."

⑤ ChatGPT

공자가 말하였다. "부모가 살아 계실 때는 멀리 여행을 가지 말고, 가더라도 반드시 일정한 방향이 있어야 한다."

🐋 DEEPSEEK

공자가 말하였다. "부모가 살아 계시면 멀리 여행하지 않으며, 여행할 때에는 반드시 방향을 정한다."

| 4-20 |

　子曰:"三年無改於父之道, 可謂孝矣."

ChatGPT

공자가 말하였다. "삼 년 동안 아버지의 도道를 고치지 않는다면, 효孝라고 이를 만하다."

DEEPSEEK

공자가 말하였다. "삼 년 동안 아버지의 도道를 고치지 않으면 효도라 할 수 있다."

| **4-21** |

子曰:"父母之年, 不可不知也, 一則以喜, 一則以懼."

ChatGPT

공자가 말하였다. "부모님의 연세를 알지 않을 수 없다. 한편으로는 기쁘지만, 한편으로는 두렵다."

DEEPSEEK

공자가 말하였다. "부모의 나이를 알지 않으면 안 된다. 한편으로는 기쁘고, 한편으로는 두렵다."

| **4-22** |

子曰:"古者, 言之不出, 恥躬之不逮也."

ChatGPT

공자가 말하였다. "옛사람들은 말을 함부로 내지 않았으니, 자신이 그 말에 미치지 못하는 것을 부끄러워했기 때문이다."

DEEPSEEK

공자가 말하였다. "옛사람들은 말을 함부로 하지 않았으니, 그것은 자신이 행동으로 따르지 못할까 부끄러워했기 때문이다."

| 4-23 |

子曰: "以約失之者鮮矣."

ChatGPT

공자가 말하였다. "검소함으로 인해 잘못을 범하는 경우는 드물다."

DEEPSEEK

공자가 말하였다. "절제함으로써 실수하는 경우는 드물다."

| 4-24 |

子曰: "君子欲訥於言, 而敏於行."

ChatGPT

공자가 말하였다. "군자는 말에는 신중하고, 행동에는 민첩하고자 한다."

DEEPSEEK

공자가 말하였다. "군자는 말은 더디게 하고 행동은 민첩하게 하려 한다."

| 4-25 |

子曰: "德不孤, 必有隣."

⑤ ChatGPT

공자가 말하였다. "덕은 외롭지 않으니, 반드시 이웃이 있다."

⌄ DEEPSEEK

공자가 말하였다. "덕은 홀로 있지 않으니, 반드시 이웃이 있다."

| **4-26** |

子游曰:"事君數, 斯辱矣;朋友數, 斯疏矣."

⑤ ChatGPT

자유가 말하였다. "임금을 섬기면서 지나치게 간언하면 치욕을 당하고, 벗을 대할 때 지나치게 따지면 멀어지게 된다."

⌄ DEEPSEEK

자유가 말하였다. "군주를 섬기면서 지나치게 간섭하면, 곧 욕됨을 당할 것이다. 친구와 지내면서 지나치게 간섭하면, 곧 멀어질 것이다."

5. 공야장公冶長

| 5-1 |

子謂公冶長:"可妻也. 雖在縲絏之中, 非其罪也." 以其子妻之. 子謂
南容:"邦有道, 不廢;邦無道, 免於刑戮." 以其兄之子妻之.

ChatGPT

공자가 공야장에 대해 말하였다. "그는 사위로 삼을 만하다. 비록 옥에 갇힌
적이 있지만, 그것은 그의 죄가 아니다."
그리고 자신의 딸을 그에게 시집보냈다.
공자가 남용에 대해 말하였다. "나라에 도道가 있으면 쓰이지 않을 리 없고,
나라에 도가 없더라도 형벌과 죽음을 면할 사람이다."
그리고 형의 딸을 그에게 시집보냈다.

DEEPSEEK

공자가 공야장에 대해 말하였다. "그는 장가들 만한 사람이다. 비록 감옥에
갇혀 있지만, 그것은 그의 죄가 아니다."
그리고는 자신의 딸을 그에게 시집보냈다.
공자가 남용에 대해 말하였다. "나라가 도리에 맞게 다스려질 때에는 버림
받지 않을 것이요, 나라가 어지러울 때에는 형벌과 죽음을 면할 것이다."
그리고는 자신의 형제의 딸을 그에게 시집보냈다.

子謂子賤:"君子哉! 若人. 魯無君子者, 斯焉取斯?"

ⓢ ChatGPT

공자가 자천에 대해 말하였다. "군자답구나! 저 사람. 노魯나라에 군자가 없
었다면, 그가 어찌 이런 인물이 되었겠는가?"

⬗ DEEPSEEK

공자가 자천에 대해 말하였다. "군자로다! 이 사람이여. 노나라에 군자가 없
었다면, 이 사람이 어디에서 이런 덕을 얻었겠는가?"

子貢問曰:"賜也何如?" 子曰:"女, 器也." 曰:"何器也?" 曰:"瑚璉也."

ⓢ ChatGPT

자공이 물었다. "제가 어떤 사람입니까?"

공자가 말하였다. "너는 그릇이다."

자공이 다시 물었다. "어떤 그릇입니까?"

공자가 말하였다. "호련瑚璉이다."

⬗ DEEPSEEK

자공이 물었다. "저는 어떻습니까?"

공자가 말하였다. "너는 그릇이다."

자공이 다시 물었다. "어떤 그릇입니까?"

공자가 말하였다. "호련瑚璉(제사에 쓰는 귀한 그릇)이다."

或曰:"雍也仁而不佞." 子曰:"焉用佞? 禦人以口給, 屢憎於人. 不知
其仁, 焉用佞?"

ChatGPT

어떤 사람이 말하였다. "옹雍은 어질지만 말을 잘하지 못합니다."

공자가 말하였다. "말을 잘해서 무엇하겠는가? 입으로 남을 막으려 하면 자
주 미움을 받는다. 그가 어진지 모르겠으나, 말을 잘해서 무엇하겠는가?"

DEEPSEEK

어떤 사람이 말하였다. "옹雍은 어질지만 말재주가 없습니다."

공자가 말하였다. "말재주가 무엇에 쓰이겠는가? 말로써 사람을 제압하려
하면 자주 미움을 받는다. 그의 어짊을 알지 못하면서 말재주가 무슨 소용
이 있겠는가?"

| 5-5 |

子使漆雕開仕. 對曰:"吾斯之未能信." 子說.

ChatGPT

공자가 칠조개에게 벼슬할 것을 권하였다.

칠조개가 대답하였다. "저는 아직 그것을 확신할 수 없습니다."

공자가 기뻐하였다.

DEEPSEEK

공자가 칠조개를 벼슬하도록 권하였다.

칠조개가 대답하였다. "저는 아직 그것에 대해 확신이 없습니다."

공자가 기뻐하였다.

子曰:"道不行, 乘桴浮于海. 從我者, 其由與!" 子路聞之喜. 子曰:"由
也好勇過我, 無所取材."

⑤ ChatGPT

공자가 말하였다. "도道가 행해지지 않으니, 뗏목을 타고 바다로 떠나고 싶
구나. 나를 따를 자는 아마 유由(자로)일 것이다!"
자로가 이 말을 듣고 기뻐하였다.
공자가 말하였다. "자로는 용맹하기는 나보다 낫지만, 재목으로 삼을 만한
것은 없다."

🐋 DEEPSEEK

공자가 말하였다. "도가 행해지지 않는다면, 뗏목을 타고 바다로 떠나리라.
나를 따를 자는 아마 유(자로)일 것이다."
자로가 이를 듣고 기뻐하였다.
공자가 말하였다. "유는 용기가 나보다 뛰어나지만, 재목을 취할 데가 없다."

孟武伯問:"子路仁乎?" 子曰:"不知也." 又問. 子曰:"由也, 千乘之國,
可使治其賦也, 不知其仁也." "求也何如?" 子曰:"求也, 千室之邑·百
乘之家, 可使爲之宰也, 不知其仁也." "赤也何如?" 子曰:"赤也, 束帶
立於朝, 可使與賓客言也, 不知其仁也."

⑤ ChatGPT

맹무백이 물었다. "자로는 어집니까?"
공자가 말하였다. "모르겠다."

맹무백이 다시 물었다.

공자가 말하였다. "유由는 천승千乘의 나라에서 세금을 잘 관리하도록 맡길 수는 있다. 그러나 그가 어진지는 모르겠다."

"구求는 어떤 사람입니까?"

공자가 말하였다. "구는 천 호의 고을이나 백승百乘의 가문에서 재상으로 삼을 수는 있다. 그러나 그가 어진지는 모르겠다."

"적赤은 어떤 사람입니까?"

공자가 말하였다. "적은 조정에서 관복을 입고 서서 외국 사신과 대화하는 역할을 맡길 수는 있다. 그러나 그가 어진지는 모르겠다."

◆ DEEPSEEK

맹무백이 물었다. "자로는 어집니까?"

공자가 말하였다. "모르겠다."

다시 물으니, 공자가 말하였다. "유由는 천승千乘의 나라를 다스려 그 부세賦稅를 관리할 수 있지만, 그가 어진지는 모르겠다."

"구求는 어떻습니까?"

공자가 말하였다. "구는 천 가구의 마을이나 백승百乘의 집안을 다스리는 재상(宰)이 될 수 있지만, 그가 어진지는 모르겠다."

"적赤은 어떻습니까?"

공자가 말하였다. "적은 조정에 서서 관복을 차려입고 빈객과 말을 나눌 수 있지만, 그가 어진지는 모르겠다."

| **5-8** |

子謂子貢曰: "女與回也孰愈?" 對曰: "賜也何敢望回? 回也聞一以知十, 賜也聞一以知二." 子曰: "弗如也. 吾與女弗如也."

ChatGPT

공자가 자공에게 물었다. "너와 회回(안회) 중 누가 더 나은가?"

자공이 대답하였다. "제가 어찌 감히 회를 바라겠습니까? 회는 하나를 들으면 열을 알고, 저는 하나를 들으면 둘을 알 뿐입니다."

공자가 말하였다. "과연 회만 못하구나. 나도 너도 회만 못하다."

DEEPSEEK

공자가 자공에게 말하였다. "너와 안회顔回 중에 누가 더 낫겠느냐?"

자공이 대답하였다. "제(賜)가 어찌 감히 안회를 바라보겠습니까? 안회는 하나를 들으면 열을 알지만, 저는 하나를 들으면 둘을 알 뿐입니다."

공자가 말하였다. "네가 안회만큼 못하다는 말이 맞다. 나도 너와 마찬가지로 안회만큼 못하구나."

5-9

宰予晝寢. 子曰:"朽木不可雕也, 糞土之牆不可杇也, 於予與何誅?" 子曰:"始吾於人也, 聽其言而信其行;今吾於人也, 聽其言而觀其行. 於予與改是."

ChatGPT

재여가 대낮에 잠을 자고 있었다.

공자가 말하였다. "썩은 나무는 조각할 수 없고, 거름더미의 벽은 흙손질할 수 없다. 재여에게 무슨 책망이 필요하겠는가?"

공자가 또 말하였다. "처음에는 나는 사람을 대할 때 그 말을 듣고 행동을 믿었다. 그러나 지금은 말을 듣고 행동을 살펴보게 되었다. 재여 때문에 내가 이 원칙을 바꾸게 되었구나."

DEEPSEEK

재여가 낮잠을 잤다.

공자가 말하였다. "씩은 나무는 조각할 수 없고, 흙으로 쌓은 담장은 흙 바르기를 할 수 없다. 재여에게 무슨 말을 더 하겠는가?"

공자가 말하였다. "예전에는 사람을 대할 때 그 말을 듣고 그 행동을 믿었지만, 이제는 그 말을 듣고 그 행동을 관찰한다. 재여로 인해 이를 고치게 되었다."

| 5-10 |

子曰：“吾未見剛者.” 或對曰：“申棖.” 子曰：“棖也慾, 焉得剛?”

ChatGPT

공자가 말하였다. "나는 아직 강한 사람을 본 적이 없다."

어떤 사람이 말하였다. "신정申棖은 강한 사람 아닙니까?"

공자가 말하였다. "정은 욕심이 많다. 어찌 강하다고 할 수 있겠는가?"

DEEPSEEK

공자가 말하였다. "나는 아직 강직한 사람을 보지 못했다."

어떤 사람이 대답하였다. "신정申棖은 어떻습니까?"

공자가 말하였다. "정은 욕심이 많아, 어찌 강직할 수 있겠는가?"

| 5-11 |

子貢曰：“我不欲人之加諸我也, 吾亦欲無加諸人.” 子曰：“賜也, 非爾所及也.”

ChatGPT

자공이 말하였다. "제가 남이 저에게 강요하는 것을 바라지 않듯이, 저도 남에게 강요하지 않으려 합니다."

공자가 말하였다. "사賜(자공)야, 그것은 네가 도달할 수 있는 경지가 아니다."

DEEPSEEK

자공이 말하였다. "나는 다른 사람이 나에게 하지 않기를 바라는 것을 나도 다른 사람에게 하지 않으려 합니다."

공자가 말하였다. "사賜야, 그것은 네가 미칠 수 없는 경지이다."

| 5-12 |

子貢曰:"夫子之文章, 可得而聞也;夫子之言性與天道, 不可得而聞也."

ChatGPT

자공이 말하였다. "선생님의 문장文章은 들을 수 있지만, 선생님께서 성性과 천도天道에 대해 말씀하시는 것은 들을 수가 없다."

DEEPSEEK

자공이 말하였다. "선생님의 문장文章은 들을 수 있지만, 선생님의 성性과 천도天道에 대한 말씀은 들을 수 없다."

| 5-13 |

子路有聞, 未之能行, 唯恐有聞.

ChatGPT

자로는 어떤 것을 들으면, 아직 실행하지도 못했는데 또 들을까 봐 두려워했다.

DEEPSEEK

자로는 들은 것을 아직 실행하지 못했을 때, 다시 들을까 두려워했다.

| 5-14 |

子貢問曰:"孔文子何以謂之文也?" 子曰:"敏而好學, 不恥下問, 是以謂之文也."

ChatGPT

자공이 물었다. "공문자를 왜 '문文'이라 부른 것입니까?"
공자가 말하였다. "그는 민첩하고 배움을 좋아하며, 아랫사람에게 묻는 것을 부끄러워하지 않았다. 이 때문에 '문'이라 부른 것이다."

DEEPSEEK

자공이 물었다. "공문자를 어찌하여 '문文'이라고 부릅니까?"
공자가 말하였다. "민첩하고 학문을 좋아하며, 아랫사람에게 묻는 것을 부끄러워하지 않았기 때문에 '문'이라고 부른다."

| 5-15 |

子謂子産:"有君子之道四焉:其行己也恭, 其事上也敬, 其養民也惠, 其使民也義."

공자가 자산에 대해 말하였다. "그에게는 군자의 도道 네 가지가 있었다. 자신을 행할 때는 공손하고, 윗사람을 섬길 때는 공경하며, 백성을 기를 때는 은혜로우며, 백성을 부릴 때는 의롭게 하였다."

DEEPSEEK

공자가 자산에 대해 말하였다. "그에게는 군자의 도가 네 가지가 있다. 자신을 행함에 공손하고, 윗사람을 섬김에 공경하며, 백성을 기름에 은혜롭고, 백성을 부림에 의로웠다."

| **5-16**

子曰:"晏平仲善與人交, 久而敬之."

ChatGPT

공자가 말하였다. "안평중은 사람들과 잘 사귀었으며, 오래 지날수록 더욱 공경하였다."

DEEPSEEK

공자가 말하였다. "안평중은 사람들과 사귀기를 잘했으며, 오래도록 공경을 받았다."

| **5-17**

子曰:"臧文仲居蔡, 山節藻梲, 何如其知也?"

ChatGPT

공자가 말하였다. "장문중이 큰 거북(蔡)을 보관하면서, 기둥에는 산 모양의 장식을 새기고, 들보에는 수초 무늬를 그렸으니, 그의 지혜가 어떠하겠는가?"

❖ DEEPSEEK

공자가 말하였다. "장문중이 거북이를 기르며, 산과 같은 장식과 물풀 같은 기둥을 사용했으니, 그의 지혜가 어떠했는가?"

| **5-18** |

子張問日:"令尹子文三仕爲令尹, 無喜色;三已之, 無慍色. 舊令尹之政, 必以告新令尹. 何如?" 子日:"忠矣." 日:"仁矣乎?" 日:"未知. 焉得仁?" "崔子弑齊君, 陳文子有馬十乘, 棄而違之, 至於他邦, 則日:'猶吾大夫崔子也.' 違之, 之一邦, 則又日:'猶吾大夫崔子也.' 違之, 何如?" 子日:"淸矣." 日:"仁矣乎." 日:"未知. 焉得仁?"

⑤ ChatGPT

자장이 물었다. "영윤 자문은 세 번이나 영윤이 되었지만, 기뻐하는 기색이 없었고, 세 번 그 직을 그만두었지만, 노여워하는 기색이 없었습니다. 또한 이전 영윤이 행한 정사를 반드시 새 영윤에게 알려주었습니다. 그는 어떤 사람입니까?"

공자가 말하였다. "충성스럽다."

자장이 다시 물었다. "어진 사람입니까?"

공자가 말하였다. "그것은 알 수 없다. 어찌 어질다고 할 수 있겠는가?"

자장이 다시 물었다. "최자가 제齊나라 임금을 시해하자, 진문자는 마차 열 대를 버리고 도망쳤습니다. 다른 나라에 가서는 '이곳도 우리 대부 최자와 다를 바 없다.'라고 하며 떠났고, 다른 나라에 가서도 또 '이곳도 우리 대부 최자와 다를 바 없다.'라며 떠났습니다. 그는 어떤 사람입니까?"

공자가 말하였다. "청렴하다."

자장이 다시 물었다. "어진 사람입니까?"

공자가 말하였다. "그것은 알 수 없다. 어찌 어질다고 할 수 있겠는가?"

DEEPSEEK

자장이 물었다. "영윤 자문은 세 번 영윤의 자리에 올랐으나 기뻐하는 기색이 없었고, 세 번 물러났으나 성내는 기색이 없었습니다. 또한 옛 영윤의 정사를 반드시 새 영윤에게 알려주었습니다. 어떻게 생각하십니까?"

공자가 말하였다. "충忠하구나."

자장이 다시 물었다. "어집니까?"

공자가 말하였다. "그가 어진지는 모르겠다. 어찌 어질다 할 수 있겠는가?"

자장이 또 물었다. "최자가 제齊나라 임금을 시해했을 때, 진문자는 말 열 필(十乘)을 가지고 있었으나 버리고 떠나, 다른 나라에 이르러 말하기를 '여기 대부도 우리나라 최자와 같구나.' 하며 떠났습니다. 또 다른 나라에 이르러 말하기를 '여기 대부도 우리나라 최자와 같구나.' 하며 다시 떠났습니다. 어떻게 생각하십니까?"

공자가 말하였다. "청렴하구나."

자장이 다시 물었다. "어집니까?"

공자가 말하였다. "그가 어진지는 모르겠다. 어찌 어질다 할 수 있겠는가?"

| 5-19 |

季文子三思而後行. 子聞之日:"再斯可矣."

ChatGPT

계문자는 세 번 생각한 후에 행동하였다.

공자가 이 말을 듣고 말하였다. "두 번이면 족하다."

DEEPSEEK

계문자는 세 번 생각한 뒤에야 행동하였다.

공자가 이를 듣고 말하였다. "두 번 생각하면 충분하리라."

5-20

子曰:"甯武子邦有道則知, 邦無道則愚. 其知可及也, 其愚不可及也."

ChatGPT

공자가 말하였다. "영무자는 나라에 도道가 있으면 지혜롭고, 나라에 도가 없으면 어리석었다. 그의 지혜는 따라갈 수 있지만, 그의 어리석음은 따라갈 수 없다."

DEEPSEEK

공자가 말하였다. "영무자는 나라가 도리에 맞게 다스려질 때에는 지혜로웠고, 나라가 어지러울 때에는 어리석은 척했다. 그의 지혜는 따라갈 수 있지만, 그의 어리석음은 따라갈 수 없다."

5-21

子在陳, 曰:"歸與! 歸與! 吾黨之小子狂簡, 斐然成章, 不知所以裁之."

ChatGPT

공자가 진陳나라에 있을 때 말하였다. "돌아가야겠다, 돌아가야겠다! 우리 고향의 젊은이들은 패기 있고 솔직하며, 문장을 훌륭하게 짓지만, 그것을 다듬는 방법을 모르는구나."

공자가 진陳나라에 있을 때 말하였다. "돌아가자! 돌아가자! 우리 고을의 젊은이들이 방자하고 소박하지만, 문채가 있어 글을 이루었으니, 어떻게 다듬어야 할지 모르겠다."

| 5-22 |

子曰:"伯夷·叔齊不念舊惡, 怨是用希."

ChatGPT

공자가 말하였다. "백이와 숙제는 지난 원한을 마음에 두지 않았으므로, 그들을 원망하는 사람이 드물었다."

DEEPSEEK

공자가 말하였다. "백이와 숙제는 옛날의 악惡을 마음에 두지 않았으므로, 원망이 이로 인해 적었도다."

| 5-23 |

子曰:"孰謂微生高直? 或乞醯焉, 乞諸其隣而與之."

ChatGPT

공자가 말하였다. "누가 미생고를 곧은 사람이라 하는가? 어떤 사람이 그에게 장醬을 구하였더니, 그는 이웃에게 빌려서 주었다."

DEEPSEEK

공자가 말하였다. "누가 미생고를 곧다 하느냐? 어떤 사람이 식초를 구하자, 그는 이웃에게 빌려서 주었다."

子曰: "巧言·令色·足恭, 左丘明恥之, 丘亦恥之;匿怨而友其人, 左丘
明恥之, 丘亦恥之."

⑤ ChatGPT

공자가 말하였다. "말을 번지르르하게 하고, 얼굴빛을 꾸미며, 지나치게 공
손한 것을 좌구명이 부끄러워하였고, 나도 부끄러워한다. 원한을 숨기고 벗
하는 것을 좌구명이 부끄러워하였고, 나도 부끄러워한다."

🐋 DEEPSEEK

공자가 말하였다. "교묘한 말과 아첨하는 얼굴, 지나친 공손함은 좌구명이
부끄러워했고, 나도 부끄러워한다. 원망을 숨기고 그 사람과 친구 노릇 하
는 것은 좌구명이 부끄러워했고, 나도 부끄러워한다."

顏淵·季路侍, 子曰: "盍各言爾志?" 子路曰: "願車馬衣輕裘, 與朋友
共, 敝之而無憾." 顏淵曰: "願無伐善, 無施勞." 子路曰: "願聞子之志."
子曰: "老者安之, 朋友信之, 少者懷之."

⑤ ChatGPT

안연과 자로가 모시고 있을 때, 공자가 말하였다. "너희는 각자 자신의 뜻을
말해보아라."

자로가 말하였다. "저는 수레와 말, 좋은 옷과 갖옷을 벗들과 함께 쓰고, 그
것이 다 닳아도 후회하지 않는 사람이 되고 싶습니다."

안연이 말하였다. "저는 자신의 선행을 자랑하지 않고, 자신이 한 노고를 남
에게 드러내지 않는 사람이 되고 싶습니다."

자로가 공자에게 물었다. "선생님의 뜻은 무엇입니까?"

공자가 말하였다. "노인은 편안하게 해드리고, 벗은 믿어주며, 젊은이는 보살펴주는 것이다."

DEEPSEEK

안연과 계로가 공자를 모시고 있었다. 공자가 말하였다. "너희 각자의 뜻을 말해보라."

자로가 말하였다. "차와 말, 가벼운 갖옷을 친구들과 함께 쓰다가 해어져도 후회하지 않겠습니다."

안연이 말하였다. "자랑하지 않고, 수고를 베풀지 않겠습니다."

자로가 말하였다. "선생님의 뜻을 듣고 싶습니다."

공자가 말하였다. "노인은 편안하게 하고, 친구는 믿게 하며, 젊은이는 그리워하게 하겠다."

| 5-26 |

子曰: "已矣乎! 吾未見能見其過而內自訟者也."

ChatGPT

공자가 말하였다. "그만두어라! 나는 자신의 잘못을 보고, 마음속으로 스스로 반성하는 사람을 아직 보지 못했다."

DEEPSEEK

공자가 말하였다. "아, 끝났구나! 나는 아직 자신의 잘못을 보고 스스로 책망하는 사람을 보지 못했다."

子曰:"十室之邑, 必有忠信如丘者焉, 不如丘之好學也."

⑤ChatGPT

공자가 말하였다. "열 집이 있는 작은 마을이라도 반드시 나(丘)처럼 충성과 신의를 지닌 사람이 있을 것이다. 그러나 나처럼 배움을 좋아하는 사람은 없을 것이다."

❀DEEPSEEK

공자가 말하였다. "열 집이 사는 마을에도 반드시 나처럼 충실하고 신의가 있는 사람은 있지만, 나처럼 학문을 좋아하는 사람은 없다."

6. 옹야雍也

子曰: "雍也可使南面." 仲弓問子桑伯子. 子曰: "可也, 簡." 仲弓曰: "居敬而行簡, 以臨其民, 不亦可乎? 居簡而行簡, 無乃大簡乎?" 子曰: "雍之言然."

---

⑤ ChatGPT

공자가 말하였다. "옹雍은 남면南面하여 다스리게 할 만하다."

중궁이 자상백자에 대해 물었다.

공자가 말하였다. "괜찮다. 다만 지나치게 간략하다."

중궁이 말하였다. "몸가짐은 공경하되, 행하는 바는 간략하게 하여 백성을 다스린다면, 이 또한 괜찮지 않겠습니까? 그러나 몸가짐도 간략하고, 행동도 간략하다면, 너무 지나치게 간략한 것이 아닙니까?"

공자가 말하였다. "옹의 말이 옳다."

⚫ DEEPSEEK

공자가 말하였다. "옹雍은 남면南面(임금의 자리)할 만하다."

중궁이 자상백자에 대해 물었다.

공자가 말하였다. "괜찮다. 간소하다."

중궁이 말하였다. "공경히 처신하며 간소하게 행동하여 백성을 다스린다면 괜찮지 않겠습니까? 그러나 처신도 간소하고 행동도 간소하다면 너무 지나치게 간소하지 않겠습니까?"

공자가 말하였다. "옹의 말이 옳다."

哀公問:"弟子孰爲好學?" 孔子對曰:"有顔回者好學, 不遷怒, 不貳過,
不幸短命死矣, 今也則亡, 未聞好學者也."

🟢 **ChatGPT**

애공이 물었다. "제자들 중에서 누가 배움을 좋아합니까?"

공자가 대답하였다. "옛날에 안회라는 사람이 있었는데, 그는 배움을 좋아
하였습니다. 화를 남에게 옮기지 않았고, 같은 잘못을 두 번 반복하지 않았
습니다. 그러나 불행히도 젊어서 세상을 떠났습니다. 지금은 그런 사람은 없
습니다. 나는 아직 배움을 좋아하는 사람을 듣지 못했습니다."

🐳 **DEEPSEEK**

애공이 물었다. "제자 중 누가 학문을 좋아합니까?"

공자가 대답하였다. "안회라는 제자가 학문을 좋아했습니다. 화를 남에게
옮기지 않았고, 같은 실수를 두 번 하지 않았습니다. 불행히도 짧은 목숨으
로 죽었습니다. 지금은 그런 사람이 없습니다. 학문을 좋아하는 사람은 듣
지 못했습니다."

子華使於齊, 冉子爲其母請粟. 子曰:"與之釜." 請益. 曰:"與之庾." 冉
子與之粟五秉. 子曰:"赤之適齊也, 乘肥馬, 衣輕裘. 吾聞之也, 君子
周急, 不繼富." 原思爲之宰, 與之粟九百, 辭. 子曰:"毋! 以與爾隣里
鄕黨乎!"

🟢 **ChatGPT**

자화가 제齊나라에 사신으로 갔다. 염자가 그의 어머니를 위해 곡식을 요청

하였다.

공자가 말하였다. "한 가마(釜)를 주어라."

염자가 더 달라고 요청하였다.

공자가 말하였다. "한 곳간(庾)을 주어라."

그러나 염자는 곡식 다섯 섬(秉)을 주었다.

공자가 말하였다. "적赤(자화)은 제나라로 갈 때 좋은 말을 타고 가벼운 갖옷을 입고 갔다. 나는 들었노라. '군자는 곤궁한 사람을 도와주되, 부유한 사람을 더 부유하게 해주지는 않는다.'"

원사가 어느 지방의 재상이 되자, 공자가 곡식 900석을 주었다. 그러나 원사가 사양하였다.

공자가 말하였다. "받아라! 그리고 그것을 이웃과 마을 사람들에게 나누어주어라."

✿ DEEPSEEK

자화가 제나라에 사신으로 갈 때, 염자가 그의 어머니를 위해 곡식을 청하였다.

공자가 말하였다. "한 말(釜)을 주라."

염자가 더 달라고 청하였다.

공자가 말하였다. "한 말 반(庾)을 주라."

염자는 다섯 말(秉)을 주었다.

공자가 말하였다. "적赤(자화)이 제나라에 갈 때 살진 말을 타고 가벼운 갖옷을 입었다. 내가 들으니, 군자는 급한 사람을 도울 뿐 부자에게 더 주지는 않는다고 한다."

원사가 재상이 되어 곡식 구백 섬을 받았으나 사양하였다.

공자가 말하였다. "그만두라! 네 이웃과 마을 사람들에게 나누어주어라."

6-4

子謂仲弓曰:"犂牛之子騂且角, 雖欲勿用, 山川其舍諸?"

⑤ ChatGPT

공자가 중궁에게 말하였다. "쟁기를 끄는 소의 새끼라도 털빛이 붉고 뿔이 단정하면, 비록 사람들이 쓰지 않으려 해도, 산천山川의 신들이 그를 버려두겠느냐?"

🐋 DEEPSEEK

공자가 중궁에게 말하였다. "흙소의 새끼가 붉고 뿔이 곧다면, 비록 쓰지 않으려 해도 산천山川이 어찌 버려두겠는가?"

6-5

子曰:"回也, 其心三月不違仁, 其餘則日月至焉而已矣."

⑤ ChatGPT

공자가 말하였다. "회回는 그 마음이 석 달 동안이나 인仁에서 벗어나지 않았다. 그러나 다른 제자들은 겨우 하루나 한 달 정도 인에 가까이 갈 뿐이다."

🐋 DEEPSEEK

공자가 말하였다. "안회는 그 마음이 석 달 동안 어짊을 떠나지 않았으나, 나머지 사람들은 하루나 한 달에 그칠 뿐이다."

6-6

季康子問:"仲由可使從政也與?" 子曰:"由也果, 於從政乎何有?" 曰:

"賜也可使從政也與?" 曰：" 賜也達, 於從政乎何有?" 曰："求也可使從政也與?" 曰："求也藝, 於從政乎何有?"

---

⑤ ChatGPT

계강자가 물었다. "중유(자로)에게 정치를 맡길 수 있겠습니까?"

공자가 말하였다. "유由는 과단성이 있으니, 정치하는 것이 무슨 어려움이 있겠는가?"

계강자가 다시 물었다. "사賜(자공)에게 정치를 맡길 수 있겠습니까?"

공자가 말하였다. "사는 사리를 통달했으니, 정치하는 것이 무슨 어려움이 있겠는가?"

계강자가 다시 물었다. "구求(염구)에게 정치를 맡길 수 있겠습니까?"

공자가 말하였다. "구는 여러 기예(실무 능력)를 익혔으니, 정치하는 것이 무슨 어려움이 있겠는가?"

⌨ DEEPSEEK

계강자가 물었다. "중유는 정치를 할 수 있습니까?"

공자가 말하였다. "유由는 결단력이 있으니, 정치에 무슨 문제가 있겠는가?"

계강자가 다시 물었다. "사賜(자공)는 정치를 할 수 있습니까?"

공자가 말하였다. "사는 통달하니, 정치에 무슨 문제가 있겠는가?"

계강자가 또 물었다. "구求(염구)는 정치를 할 수 있습니까?"

공자가 말하였다. "구는 재주가 있으니, 정치에 무슨 문제가 있겠는가?"

| **6-7**

季氏使閔子騫爲費宰. 閔子騫曰："善爲我辭焉. 如有復我者, 則吾必在汶上矣."

ChatGPT

계씨가 민자건에게 비費 지방의 읍재(지방 관리)가 되어줄 것을 요청하였다.

민자건이 말하였다. "내가 정중히 사양할 수 있도록 잘 말씀해주시오. 혹시 다시 나를 찾아오는 사람이 있다면, 나는 반드시 문수汶水 가에 있을 것이오."

DEEPSEEK

계씨가 민자건에게 비費의 재상이 되라고 하였다.

민자건이 말하였다. "나를 위해 잘 사양해주시오. 만약 다시 나를 부르는 자가 있다면, 나는 반드시 문수汶上로 가 있겠소."

| 6-8 |

伯牛有疾, 子問之, 自牖執其手, 曰:"亡之, 命矣夫! 斯人也而有斯疾也! 斯人也而有斯疾也!"

ChatGPT

백우가 병이 들었다. 공자가 문안을 갔다. 창문으로 그의 손을 잡고 말하였다. "이제 그는 가는구나. 운명이로다! 이런 사람에게 이런 병이 걸리다니! 이런 사람에게 이런 병이 걸리다니!"

DEEPSEEK

백우가 병들었을 때, 공자가 그를 찾아가 창문을 통해 그의 손을 잡고 말하였다. "죽게 되었구나, 이게 명命인가! 이런 사람이 이런 병에 걸리다니! 이런 사람이 이런 병에 걸리다니!"

子曰: "賢哉! 回也. 一簞食·一瓢飲, 在陋巷, 人不堪其憂, 回也不改其
樂. 賢哉! 回也."

ⓢ ChatGPT

공자가 말하였다. "어진 자로다! 안회여. 대그릇 한 개의 밥과 표주박 한 개
의 물로 살아가며, 누추한 골목에서 살더라도 사람들은 이를 견디기 어렵겠
지만, 안회는 그 즐거움을 바꾸지 않았다. 어진 자로다! 안회여."

ⓦ DEEPSEEK

공자가 말하였다. "어질구나! 안회여. 한 그릇의 밥과 한 표주박의 물로 누추
한 골목에서 살아도, 다른 사람들은 그 근심을 견디지 못하지만, 안회는 그
즐거움을 바꾸지 않는다. 어질구나! 안회여."

冉求曰: "非不說子之道, 力不足也." 子曰: "力不足者, 中道而廢, 今女
畫."

ⓢ ChatGPT

염구가 말하였다. "선생님의 도道를 기쁘게 여기지 않는 것이 아닙니다. 다
만 제 힘이 부족할 뿐입니다."
공자가 말하였다. "힘이 부족한 사람이라면 길을 가다가 중도에 그만두는
법이다. 그런데 너는 스스로 한계를 긋고 멈춰버리는구나."

ⓦ DEEPSEEK

염구가 말하였다. "선생님의 도를 좋아하지 않는 것이 아니라, 힘이 부족합
니다."

공자가 말하였다. "힘이 부족한 자는 중도에서 그칠 뿐이다. 지금 너는 스스로 한계를 그은 것이다."

6-11

子謂子夏曰:"女爲君子儒, 無爲小人儒."

⑤ ChatGPT
공자가 자하에게 말하였다. "너는 군자다운 유자儒者가 되어야지, 소인다운 유자가 되어서는 안 된다."

ⓦ DEEPSEEK
공자가 자하에게 말하였다. "너는 군자 같은 선비가 되고, 소인 같은 선비는 되지 말라."

6-12

子游爲武城宰. 子曰:"女得人焉爾乎?" 曰:"有澹臺滅明者, 行不由徑, 非公事, 未嘗至於偃之室也."

⑤ ChatGPT
자유가 무성武城의 재상이 되었다.

공자가 물었다. "좋은 인재를 얻었느냐?"

자유가 대답하였다. "담대멸명이라는 자가 있습니다. 그는 길을 갈 때 지름길을 이용하지 않으며, 공적인 일이 아니면 저의 집에 온 적이 없습니다."

ⓦ DEEPSEEK
자유가 무성武城의 재상이 되었다.

공자가 말하였다. "너는 그곳에서 훌륭한 인물을 얻었느냐?"

자유가 대답하였다. "담대멸명이라는 사람이 있습니다. 그는 길을 갈 때 지름길을 사용하지 않으며, 공적인 일이 아니면 저의 집에 오지 않았습니다."

| 6-13 |

子曰: "孟之反不伐. 奔而殿, 將入門, 策其馬, 曰: '非敢後也, 馬不進也.'"

⑤ ChatGPT

공자가 말하였다. "맹지반은 자랑하지 않는 사람이었다. 전쟁에서 후퇴할 때 가장 뒤에서 군사를 지켰다. 성문으로 들어갈 때 말을 채찍질하며 말하였다. '내가 감히 뒤처진 것이 아니라, 말이 앞으로 나아가지 않았을 뿐이다.'"

◈ DEEPSEEK

공자가 말하였다. "맹지반은 자랑하지 않았다. 달아날 때 맨 뒤에 서서 성문으로 들어가려고 할 때, 말을 채찍질하며 말하기를 '내가 감히 뒤에 있던 것이 아니라, 말이 나아가지 않았기 때문이다.'라고 하였다."

| 6-14 |

子曰: "不有祝鮀之佞, 而有宋朝之美, 難乎免於今之世矣."

⑤ ChatGPT

공자가 말하였다. "축타처럼 말재주가 뛰어나지도 않고, 송조처럼 외모가 아름답지도 않다면, 지금 세상에서 살아남기 어렵겠구나."

DEEPSEEK

공자가 말하였다. "축타의 말재주가 없이 송조의 아름다움만 있다면, 오늘날 세상에서 화를 면하기 어렵다."

| 6-15 |

子曰: "誰能出不由戶? 何莫由斯道也?"

ChatGPT

공자가 말하였다. "누가 문을 통하지 않고 집을 나갈 수 있겠는가? 그런데 어찌하여 모두 이 도道를 따르려 하지 않는가?"

DEEPSEEK

공자가 말하였다. "누가 문을 지나지 않고 나갈 수 있겠는가? 어찌하여 이 도道를 따르지 않는가?"

| 6-16 |

子曰: "質勝文則野, 文勝質則史. 文質彬彬, 然後君子."

ChatGPT

공자가 말하였다. "본질이 꾸밈을 지나치게 앞서면 거칠고 촌스럽고, 꾸밈이 본질을 지나치게 앞서면 형식에만 치우친다. 본질과 꾸밈이 조화롭게 어우러져야 비로소 군자라 할 수 있다."

DEEPSEEK

공자가 말하였다. "질박함이 문채를 이기면 야비하고, 문채가 질박함을 이기면 꾸밈이 많다. 문채와 질박함이 조화를 이루어야 군자다."

子曰:"人之生也直, 罔之生也幸而免."

🌀 **ChatGPT**

공자가 말하였다. "사람이 살아가는 데는 정직함(直)이 기본이다. 그러나 정직하지 않은 자(罔)는 운이 좋아 살아남을 뿐이다."

🐋 **DEEPSEEK**

공자가 말하였다. "사람은 곧음으로 살아가며, 곧지 못한 삶은 다행히 화를 면할 뿐이다."

子曰:"知之者不如好之者, 好之者不如樂之者."

🌀 **ChatGPT**

공자가 말하였다. "아는 사람은 좋아하는 사람만 못하고, 좋아하는 사람은 즐기는 사람만 못하다."

🐋 **DEEPSEEK**

공자가 말하였다. "아는 자는 좋아하는 자만 못하고, 좋아하는 자는 즐기는 자만 못하다."

子曰:"中人以上, 可以語上也;中人以下, 不可以語上也."

공자가 말하였다. "중간 수준 이상의 사람에게는 높은 도道에 대해 말할 수 있지만, 중간 수준 이하의 사람에게는 높은 도를 말해도 소용이 없다."

DEEPSEEK

공자가 말하였다. "중간 이상의 사람에게는 높은 것을 말할 수 있지만, 중간 이하의 사람에게는 높은 것을 말할 수 없다."

| 6-20 |

樊遲問知. 子曰:"務民之義, 敬鬼神而遠之, 可謂知矣." 問仁. 曰:"仁者先難而後獲, 可謂仁矣."

ChatGPT

번지가 지혜(知)에 대해 물었다.

공자가 말하였다. "백성을 다스릴 때 의義를 최우선으로 삼고, 귀신을 공경하되 멀리하는 것, 이것을 지혜롭다고 할 수 있다."

번지가 다시 어진 것(仁)에 대해 물었다.

공자가 말하였다. "어진 사람은 먼저 어려움을 감수하고, 나중에 얻는다. 이것을 어질다고 할 수 있다."

DEEPSEEK

번지가 지혜에 대해 물었다.

공자가 말하였다. "백성의 의로움에 힘쓰고, 귀신을 공경하되 멀리하면 지혜롭다고 할 수 있다."

번지가 인仁에 대해 물었다.

공자가 말하였다. "어진 사람은 어려운 일을 먼저 하고 나중에 얻으니, 어질다고 할 수 있다."

子曰:"知者樂水, 仁者樂山;知者動, 仁者靜;知者樂, 仁者壽."

⑤ ChatGPT

공자가 말하였다. "지혜로운 사람은 물을 좋아하고, 어진 사람은 산을 좋아한다. 지혜로운 사람은 움직이고, 어진 사람은 고요하다. 지혜로운 사람은 즐거워하고, 어진 사람은 오래 산다."

✿ DEEPSEEK

공자가 말하였다. "지혜로운 사람은 물을 좋아하고, 어진 사람은 산을 좋아한다. 지혜로운 사람은 움직이고, 어진 사람은 고요하다. 지혜로운 사람은 즐겁고, 어진 사람은 장수한다."

子曰:"齊一變, 至於魯;魯一變, 至於道."

⑤ ChatGPT

공자가 말하였다. "제齊나라가 한 번 변하면 노魯나라 수준에 이를 것이고, 노나라가 한 번 변하면 도道의 경지에 이를 것이다."

✿ DEEPSEEK

공자가 말하였다. "제나라가 한 번 변하면 노나라에 이르고, 노나라가 한 번 변하면 도道에 이를 것이다."

子曰:"觚不觚, 觚哉! 觚哉!"

⑤ ChatGPT

공자가 말하였다. "고觚가 고답지 않다면, 이것이 고인가! 이것이 고인가!"

DEEPSEEK

공자가 말하였다. "주전자(觚)가 주전자답지 않으니, 주전자라 할 수 있겠는가! 주전자라 할 수 있겠는가!"

宰我問曰:"仁者, 雖告之曰:'井有仁焉.' 其從之也?" 子曰:"何爲其然也? 君子可逝也, 不可陷也;可欺也, 不可罔也."

⑤ ChatGPT

재아가 물었다. "어진 사람에게 '우물에 누가 빠져 있다.'고 말하면, 그는 곧장 따라가 뛰어들겠습니까?"

공자가 말하였다. "어찌 그렇게 하겠는가? 군자는 떠날 수는 있어도, 빠지지는 않으며, 속을 수는 있어도, 어리석게 당하지는 않는다."

DEEPSEEK

재아가 물었다. "어진 사람에게 '우물 속에 어진 사람이 있다.'고 말하면, 그가 따라갈까요?"

공자가 말하였다. "어찌 그렇게 하겠는가? 군자는 달려갈 수는 있어도 함정에 빠지지는 않는다. 속일 수는 있어도 어리석게 만들지는 못한다."

| 6-25 |

子曰:"君子博學於文, 約之以禮, 亦可以弗畔矣夫!"

ⓢ ChatGPT

공자가 말하였다. "군자는 학문을 널리 배우되 예禮로 그것을 절제하면, 길을 벗어나지 않을 수 있다!"

◈ DEEPSEEK

공자가 말하였다. "군자는 널리 문헌을 배우고, 예禮로써 스스로를 단속하면, 도를 배반하지 않을 수 있다."

| 6-26 |

子見南子, 子路不說. 夫子矢之曰:"子所否者, 天厭之! 天厭之!"

ⓢ ChatGPT

공자가 남자南子를 만났다. 그러자 자로가 이를 못마땅하게 여겼다.

공자가 맹세하며 말하였다. "내가 부정한 일을 했다면, 하늘이 나를 벌할 것이다! 하늘이 나를 벌할 것이다!"

◈ DEEPSEEK

공자가 남자南子를 만나자, 자로가 기뻐하지 않았다.

공자가 맹세하였다. "내가 잘못한 것이 있다면 하늘이 나를 미워할 것이다! 하늘이 나를 미워할 것이다!"

子曰:"中庸之爲德也, 其至矣乎! 民鮮久矣."

⑤ ChatGPT

공자가 말하였다. "중용의 덕은 지극하구나! 그러나 이를 실천하는 사람이 드문 지도 오래되었구나."

◈ DEEPSEEK

공자가 말하였다. "중용의 덕은 지극하도다! 백성들이 이를 오랫동안 잃어 버렸구나."

子貢曰:"如有博施於民而能濟衆, 何如? 可謂仁乎?" 子曰:"何事於仁! 必也聖乎! 堯·舜其猶病諸! 夫仁者, 己欲立而立人, 己欲達而達人. 能近取譬, 可謂仁之方也已."

⑤ ChatGPT

자공이 물었다. "만약 어떤 사람이 널리 백성에게 베풀고, 모든 사람을 구제할 수 있다면, 그는 어떠한 사람입니까? 그를 어질다(仁)고 할 수 있습니까?" 공자가 말하였다. "그것을 어짊(仁)이라 할 필요가 있겠느냐! 그것은 반드시 성인聖人의 경지라 해야 할 것이다. 요堯와 순舜 같은 성인조차도 이를 이루는 데 어려움을 겪었으니 말이다! 어진 사람이란, 자신이 서고자 하면 남도 세워주고, 자신이 성공하고자 하면 남도 성공하게 해주는 것이다. 가까운 곳에서부터 비유하여 실천할 수 있다면, 이것이 바로 인仁을 실천하는 방법이라 할 수 있다."

자공이 말하였다. "만약 백성에게 널리 베풀고 많은 사람을 구제할 수 있다면 어떻습니까? 어질다고 할 수 있습니까?"

공자가 말하였다. "어짊을 넘어선 것이니, 반드시 성인聖人이어야 할 것이다! 요순도 그러기를 어려워했다! 어진 사람은 자신이 서고자 하면 남도 서게 하고, 자신이 이루고자 하면 남도 이루게 한다. 가까운 데서 비유를 취할 수 있으면, 어짊의 방법이라 할 수 있다."

7. 술이述而

| 7-1 |

子曰:"述而不作, 信而好古, 竊比於我老彭."

⑤ ChatGPT

공자가 말하였다. "나는 옛것을 서술할 뿐 새로 만들지 않으며, 옛것을 믿고 좋아한다. 감히 나를 노팽(고대의 현인)과 견줄 뿐이다."

⚫ DEEPSEEK

공자가 말하였다. "나는 옛것을 기술하기만 하고 창작하지 않으며, 옛것을 믿고 좋아한다. 내가 은근히 나를 노팽에 비긴다."

| 7-2 |

子曰:"默而識之, 學而不厭, 誨人不倦, 何有於我哉?"

⑤ ChatGPT

공자가 말하였다. "조용히 기억하며, 배우기를 싫어하지 않으며, 사람 가르치기를 게을리하지 않으니, 이것이 내게서 무엇이 어렵겠는가?"

⚫ DEEPSEEK

공자가 말하였다. "묵묵히 기억하고, 배우되 싫어하지 않으며, 가르치되 지치지 않는다. 이것이 나에게 무슨 어려움이 있겠는가?"

7-3

子曰:"德之不修, 學之不講, 聞義不能徙, 不善不能改, 是吾憂也."

⑤ ChatGPT

공자가 말하였다. "덕을 닦지 않고, 배운 것을 익히지 않으며, 옳은 일을 들었어도 따르지 않고, 잘못을 고치지 않는 것, 이것이 나의 걱정이다."

◆ DEEPSEEK

공자가 말하였다. "덕을 닦지 않고, 배움을 강론하지 않으며, 의로움을 듣고도 옮기지 못하고, 나쁜 점을 고치지 못하는 것이 나의 걱정이다."

7-4

子之燕居, 申申如也, 夭夭如也.

⑤ ChatGPT

공자가 편안히 쉬고 있을 때는 온화하고 즐거운 모습이었다.

◆ DEEPSEEK

공자가 편히 쉴 때는 단정하고 편안하였다.

7-5

子曰:"甚矣, 吾衰也! 久矣, 吾不復夢見周公."

⑤ ChatGPT

공자가 말하였다. "아, 나는 정말 쇠퇴했구나! 오랫동안 다시는 주공을 꿈에서조차 보지 못했다."

DEEPSEEK

공자가 말하였다. "내가 너무도 쇠약해졌구나! 오랫동안 주공을 꿈에서 보지 못했구나."

7-6

子曰: "志於道, 據於德, 依於仁, 游於藝."

ChatGPT

공자가 말하였다. "도道에 뜻을 두고, 덕德을 바탕으로 삼으며, 인仁에 의지하고, 예술(藝)을 즐겨야 한다."

DEEPSEEK

공자가 말하였다. "도에 뜻을 두고, 덕에 의지하며, 인에 기대어 살고, 예술을 즐겨야 한다."

7-7

子曰: "自行束脩以上, 吾未嘗無誨焉."

ChatGPT

공자가 말하였다. "육포(예물)를 가지고 찾아온 자에게 나는 한 번도 가르침을 주지 않은 적이 없었다."

DEEPSEEK

공자가 말하였다. "스스로 예물을 가지고 온 자라면, 나는 가르치지 않은 적이 없다."

子曰: "不憤不啓, 不悱不發, 擧一隅, 不以三隅反, 則不復也."

⑤ ChatGPT

공자가 말하였다. "스스로 분발하지 않으면 깨우쳐주지 않고, 스스로 말하고 싶어 하지 않으면 열어주지 않는다. 한 모퉁이를 들어 보여주었을 때, 다른 세 모퉁이를 스스로 깨닫지 못하면, 더 이상 가르쳐주지 않는다."

⨀ DEEPSEEK

공자가 말하였다. "스스로 깨달으려는 마음이 없으면 가르치지 않고, 스스로 표현하려는 마음이 없으면 일깨우지 않는다. 한 모퉁이를 들어주어도 나머지 세 모퉁이를 깨닫지 못하면 다시 가르치지 않는다."

子食於有喪者之側, 未嘗飽也. 子於是日, 哭則不歌.

⑤ ChatGPT

공자는 상중喪中에 있는 사람 곁에서 식사할 때, 한 번도 배불리 먹은 적이 없었다. 또한 그날(상중)에는 곡哭을 하면 노래를 부르지 않았다.

⨀ DEEPSEEK

공자는 상을 당한 사람 곁에서 식사할 때는 배불리 먹지 않았다. 공자는 그날 울면 노래하지 않았다.

子謂顏淵曰: "用之則行, 舍之則藏, 惟我與爾有是夫!" 子路曰: "子行
三軍, 則誰與?" 子曰: "暴虎馮河, 死而無悔者, 吾不與也, 必也臨事而
懼, 好謀而成者也."

⑤ ChatGPT

공자가 안연에게 말하였다. "등용되면 나아가고, 버려지면 물러나 숨는다.
이런 태도를 가진 자는 오직 너와 나뿐이로구나!"

그러자 자로가 물었다. "선생님께서 군대를 지휘하신다면, 누구와 함께하시
겠습니까?"

공자가 말하였다. "맨손으로 호랑이를 때리고, 뗏목 없이 강을 건너려 하며,
죽고도 후회하지 않는 사람이라면, 나는 함께하지 않을 것이다. 반드시 일
을 당하면 신중히 두려워하고, 신중히 계획하여 일을 이루는 자와 함께할
것이다."

🐋 DEEPSEEK

공자가 안연에게 말하였다. "쓰이면 행하고, 버려지면 숨으니, 오직 나와 너
만이 이를 할 수 있구나!"

자로가 말하였다. "선생님께서 삼군三軍을 거느리신다면 누구와 함께하시
겠습니까?"

공자가 말하였다. "맨손으로 호랑이를 잡고 황하黃河를 건너며 죽어도 후회
하지 않는 자와는 함께하지 않겠다. 반드시 일을 당하여 두려워하고, 좋은
계획을 세워 성공하는 자와 함께하겠다."

7-11

子曰: "富而可求也, 雖執鞭之士, 吾亦爲之, 如不可求, 從吾所好."

ChatGPT

공자가 말하였다. "부귀가 도道로써 구할 수 있는 것이라면, 비록 말채찍을 드는 천한 일이라도 나는 하겠지만, 만약 도로써 구할 수 없다면, 나는 내가 좋아하는 바를 따를 것이다."

DEEPSEEK

공자가 말하였다. "부를 구할 수 있다면 비록 채찍을 잡는 일이라도 내가 하겠다. 그러나 구할 수 없다면 내가 좋아하는 것을 따르겠다."

7-12

子之所愼: 齊·戰·疾.

ChatGPT

공자가 삼가고 조심한 것은 제사, 전쟁, 병이었다.

DEEPSEEK

공자가 삼간 것은 제사, 전쟁, 질병이었다.

7-13

子在齊聞韶, 三月不知肉味, 曰: "不圖爲樂之至於斯也."

ChatGPT

공자가 제齊나라에서 소韶음악을 듣고는 석 달 동안 고기 맛을 몰랐다. 그리고 말하였다. "생각지도 못했구나! 음악이 이처럼 뛰어날 줄이야!"

🐋 DEEPSEEK

공자가 제나라에서 소악을 듣고, 석 달 동안 고기의 맛을 알지 못하였다. 말하였다. "음악이 이렇게까지 아름다울 줄은 생각하지 못했구나."

| 7-14 |

冉有曰:"夫子爲衛君乎?" 子貢曰:"諾, 吾將問之." 入曰:"伯夷·叔齊何人也?" 曰:"古之賢人也." 曰:"怨乎?" 曰:"求仁而得仁, 又何怨?" 出曰:"夫子不爲也."

⑤ ChatGPT

염유가 물었다. "선생님께서 위衛나라의 임금을 위해 일하시겠습니까?"

자공이 대답하였다. "좋소, 내가 직접 여쭤보겠소."

자공이 공자에게 가서 물었다. "백이와 숙제는 어떤 사람이었습니까?"

공자가 말하였다. "옛날의 어진 사람들이었다."

자공이 다시 물었다. "그들은 원망하지 않았습니까?"

공자가 말하였다. "그들은 인仁을 구하였고, 인을 얻었으니, 무엇을 원망할 것이 있겠는가?"

자공이 밖으로 나와 염유에게 말하였다. "선생님께서는 위나라 임금을 위해 일하지 않으실 것이오."

🐋 DEEPSEEK

염유가 말하였다. "선생님은 위나라 군주를 도우시겠습니까?"

자공이 말하였다. "그렇다, 내가 물어보겠다."

들어가서 말하였다. "백이와 숙제는 어떤 사람입니까?"

공자가 말하였다. "옛날의 어진 사람이다."

자공이 말하였다. "원망하셨습니까?"

공자가 말하였다. "어짊을 구해 어짊을 얻었으니, 또 무슨 원망이 있겠는가?"

자공이 나와서 말하였다. "선생님은 돕지 않으실 것이다."

| 7-15 |

子曰:"飯疏食飲水, 曲肱而枕之, 樂亦在其中矣. 不義而富且貴, 於我如浮雲."

⑤ ChatGPT

공자가 말하였다. "거친 밥을 먹고, 물을 마시며, 팔을 베개 삼아도, 그 안에서 즐거움을 찾을 수 있다. 의롭지 않게 얻은 부귀는 내게 뜬구름과 같다."

❀ DEEPSEEK

공자가 말하였다. "거친 밥을 먹고 물을 마시며, 팔을 구부려 베고 자더라도 즐거움은 그 안에 있다. 의롭지 못하게 부귀를 얻는 것은 나에게는 뜬구름과 같다."

| 7-16 |

子曰:"加我數年, 五十以學易, 可以無大過矣."

⑤ ChatGPT

공자가 말하였다. "나에게 몇 년만 더 주어진다면, 쉰 살이 되어《주역》을 깊이 공부하여 큰 허물이 없게 할 수 있을 것이다."

❀ DEEPSEEK

공자가 말하였다. "나에게 몇 년을 더 주어 50세에《역》을 배운다면 큰 허물이 없을 것이다."

7-17

子所雅言, 詩·書·執禮, 皆雅言也.

ChatGPT

공자가 정중하게 말할 때에는 《시경》, 《서경》, 예법에 관한 것들이었으며, 모두 표준어(雅言)로 말하였다.

DEEPSEEK

공자가 아언雅言으로 말한 것은 《시경》, 《서경》, 예禮를 집행하는 것이니, 모두 아언으로 말하였다.

7-18

葉公問孔子於子路, 子路不對. 子曰:"女奚不曰:'其爲人也, 發憤忘食, 樂以忘憂, 不知老之將至云爾?'"

ChatGPT

섭공이 공자에 대해 자로에게 물었으나, 자로가 대답하지 못하였다.
공자가 말하였다. "너는 왜 이렇게 대답하지 않았느냐? '그분은 뜻을 세우면 밥 먹는 것도 잊고, 즐거움에 근심을 잊으며, 늙어가는 것도 모르는 분입니다.'"

DEEPSEEK

섭공이 자로에게 공자를 물으니, 자로가 대답하지 않았다.
공자가 말하였다. "너는 어찌 말하지 않았느냐? 그 사람은 분발하여 먹는 것을 잊고, 즐거워 근심을 잊으며, 늙음이 이를 줄을 모른다고."

| 7-19 |

子曰:"我非生而知之者, 好古, 敏以求之者也."

⑤ ChatGPT

공자가 말하였다. "나는 태어나면서부터 아는 사람이 아니다. 옛것을 좋아하고, 민첩하게 그것을 구하려고 했을 뿐이다."

☁ DEEPSEEK

공자가 말하였다. "나는 태어나면서부터 아는 자가 아니라, 옛것을 좋아하고 부지런히 구한 자이다."

| 7-20 |

子不語:怪·力·亂·神.

⑤ ChatGPT

공자는 괴이한 것(怪), 무력(力), 반란(亂), 신령한 것(神)에 대해 말하지 않았다.

☁ DEEPSEEK

공자는 괴이한 것, 힘, 어지러움, 귀신에 대해 말하지 않았다.

| 7-21 |

子曰:"三人行, 必有我師焉. 擇其善者而從之, 其不善者而改之."

⑤ ChatGPT

공자가 말하였다. "세 사람이 길을 가면, 반드시 그 가운데 내 스승이 있을 것이다. 그중에서 선한 점을 가려 따라가고, 선하지 않은 점은 고쳐야 한다."

DEEPSEEK

공자가 말하였다. "세 사람이 길을 가면 반드시 나의 스승이 있다. 그중 선한 것을 택해 따르고, 선하지 않은 것을 고친다."

| 7-22 |

子曰:"天生德於予, 桓魋其如予何?"

ChatGPT

공자가 말하였다. "하늘이 내게 덕을 부여하였으니, 환퇴가 나를 어찌할 수 있겠는가?"

DEEPSEEK

공자가 말하였다. "하늘이 나에게 덕을 내렸으니, 환퇴가 나를 어찌하겠는가?"

| 7-23 |

子曰:"二三子以我爲隱乎? 吾無隱乎爾. 吾無行而不與二三子者, 是丘也."

ChatGPT

공자가 말하였다. "너희들은 나를 속마음을 감추는 사람이라 여기느냐? 나는 너희에게 감추는 것이 없다. 내가 어떤 일을 행함에 있어 너희와 함께하지 않는 것이 없으니, 이것이 바로 나(丘)이다."

DEEPSEEK

공자가 말하였다. "너희들이 나를 숨기는 사람으로 여기느냐? 나는 너희에게 숨기는 것이 없다. 나는 행동하는 것마다 너희와 함께하니, 이것이 바로 나이다."

| 7-24 |

子以四教:文·行·忠·信.

⑤ ChatGPT

공자는 네 가지로 가르쳤으니, 바로 문文, 행行, 충忠, 신信이다.

🐋 DEEPSEEK

공자는 네 가지를 가르쳤다. 문학, 행실, 충성, 신의.

| 7-25 |

子曰:"聖人, 吾不得而見之矣, 得見君子者, 斯可矣." 子曰:"善人, 吾不得而見之矣, 得見有恒者, 斯可矣. 亡而爲有, 虛而爲盈, 約而爲泰, 難乎有恒矣."

⑤ ChatGPT

공자가 말하였다. "성인은 내가 만나볼 수 없겠지만, 군자를 만날 수 있다면 그것으로도 충분하다."

또 말하였다. "어진 사람을 내가 만나볼 수 없겠지만, 항상(恒)을 지닌 사람을 만날 수 있다면 그것으로도 충분하다. 그러나 없는 것을 가진 척하고, 비었으면서도 가득 찬 척하며, 곤궁하면서도 태연한 척하는 사람은 항상을 지니기가 어렵다."

⟪ DEEPSEEK

공자가 말하였다. "성인은 내가 보지 못했지만, 군자를 보는 것으로 족하다."
공자가 말하였다. "선인은 내가 보지 못했지만, 꾸준한 자를 보는 것으로 족하다. 없는 것을 있는 것처럼, 비어 있는 것을 가득 찬 것처럼, 궁핍한 것을 풍족한 것처럼 하는 것은 꾸준하기 어렵다."

| 7-26 |

子釣而不綱, 弋不射宿.

⑤ChatGPT

공자는 낚시를 하되 그물을 사용하지 않았으며, 활로 새를 쏘되 밤에 깃든 새는 쏘지 않았다.

⟪ DEEPSEEK

공자는 낚시는 하되 그물을 치지 않았고, 활을 쏘되 잠자는 새를 쏘지 않았다.

| 7-27 |

子曰:"蓋有不知而作之者, 我無是也. 多聞, 擇其善者而從之, 多見而
識之, 知之次也."

⑤ChatGPT

공자가 말하였다. "알지 못하면서도 함부로 행동하는 사람이 있겠지만, 나
는 그런 사람이 아니다. 많이 듣고 그중에서 선한 것을 가려 따라가며, 많이
보고 기억하는 것이 앎(知)의 다음 단계이다."

공자가 말하였다. "아무것도 모르고 창작하는 자가 있지만, 나는 그렇지 않다. 많이 듣고 그중 선한 것을 택해 따르며, 많이 보고 기억하는 것이 아는 것의 차선이다."

| **7-28** |

互鄉難與言, 童子見, 門人惑. 子曰: "與其進也, 不與其退也, 唯何甚?
人潔己以進, 與其潔也, 不保其往也."

ChatGPT

호향互鄉 사람들과는 말하기 어려웠다. 그곳의 어린아이가 와서 공자를 찾아뵙자, 제자들이 이를 이상하게 여겼다.

공자가 말하였다. "그가 앞으로 나아가려 할 때 받아들이고, 물러나려 할 때는 받아들이지 않는다면, 어찌 그리 지나치단 말인가? 사람이 스스로를 깨끗이 하여 앞으로 나아가려 한다면, 그의 깨끗함을 받아들일 뿐, 그의 과거를 문제 삼을 필요는 없다."

DEEPSEEK

호향互鄉 사람은 말하기 어려운데, 한 아이가 공자를 뵈니 제자들이 의아해했다.

공자가 말하였다. "그가 나아가는 것을 칭찬할 뿐, 물러나는 것을 칭찬하지 않는다. 어찌 지나치겠는가? 사람이 스스로 깨끗이 하여 나아가면 그 깨끗함을 칭찬할 뿐, 그의 과거를 보장하지 않는다."

子曰:"仁遠乎哉? 我欲仁, 斯仁至矣."

⑤ ChatGPT

공자가 말하였다. "인仁은 멀리 있는 것인가? 내가 인을 실천하고자 하면, 인은 곧 내게로 오는 것이다."

◆ DEEPSEEK

공자가 말하였다. "어짊이 멀리 있는가? 내가 어짊을 원하면 어짊이 이른다."

陳司敗問:"昭公知禮乎?" 孔子曰:"知禮." 孔子退, 揖巫馬期而進之, 曰:"吾聞君子不黨, 君子亦黨乎? 君取於吳, 爲同姓, 謂之吳孟子. 君而知禮, 孰不知禮?" 巫馬期以告. 子曰:"丘也幸, 苟有過, 人必知之."

⑤ ChatGPT

진陳나라 사패司敗가 물었다. "소공은 예禮를 알고 있었습니까?"

공자가 대답하였다. "그는 예를 알고 있었다."

공자가 자리를 물러나자, 사패는 무마기를 불러 말하였다. "내가 듣기에 군자는 편을 가르지 않는다고 했는데, 군자도 편을 가르는 것인가? 군주께서는 오吳나라에서 온 사람을 같은 성씨라 하여 '오맹자吳孟子'라고 불렀소. 군주께서 예를 안다면, 예를 모르는 사람이 어디 있겠소?"

무마기가 이를 공자에게 전하니, 공자가 말하였다. "내가 다행히도, 만약 잘못이 있다면 반드시 사람들이 그것을 알게 되는구나."

◆ DEEPSEEK

진陳나라의 사패司敗가 물었다. "소공은 예禮를 아는가?"

공자가 말하였다. "예를 안다."

공자가 물러나자, 진나라의 사패가 무마기를 불러 앞으로 나아가 말하였다. "내가 들으니 군자는 편파적이지 않다고 하던데, 군자도 편파적인가? 임금이 오吳나라에서 아내를 맞이했는데, 동성同姓이라 오맹자吳孟子라고 불렀다. 임금이 예를 안다면, 누가 예를 모르겠는가?"

무마기가 이를 공자에게 아뢰자, 공자가 말하였다. "구丘는 다행이다. 만약 잘못이 있다면 사람들이 반드시 알게 되리라."

7-31

　子與人歌而善, 必使反之, 而後和之.

⑤ ChatGPT
공자는 다른 사람과 함께 노래할 때, 그가 잘 부르면 반드시 한 번 더 부르게 한 뒤에야 함께 화답하였다.

✷ DEEPSEEK
공자가 다른 사람과 노래를 부르다가 잘하면 반드시 다시 부르게 한 후에 따라 불렀다.

7-32

　子曰: "文莫吾猶人也. 躬行君子, 則吾未之有得."

⑤ ChatGPT
공자가 말하였다. "학문(文)에서는 나는 다른 사람들과 크게 다르지 않다. 그러나 몸소 군자의 도를 실천하는 데 있어서는, 나는 아직 그것을 완전히 이루지 못하였다."

DEEPSEEK

공자가 말하였다. "글공부에 있어서는 나도 다른 사람과 비슷하다. 그러나 몸소 실천하는 군자가 되는 것은 나도 아직 이루지 못했다."

| 7-33 |

子曰:"若聖與仁, 則吾豈敢? 抑爲之不厭, 誨人不倦, 則可謂云爾已矣." 公西華曰:"正唯弟子不能學也."

ChatGPT

공자가 말하였다. "성인(聖)과 인자(仁)에 있어서야 어찌 내가 감히 그런 경지에 이르렀다고 하겠는가? 다만 실천하는 것을 싫어하지 않고, 사람을 가르치는 데 지치지 않는 것, 그것은 나에 대해 그렇게 말할 수 있을 것이다."
공서화가 말하였다. "바로 그 점이 저희 제자들이 배우지 못하는 부분입니다."

DEEPSEEK

공자가 말하였다. "성聖과 인仁에 대해서는 내가 어찌 감히 말할 수 있겠는가? 다만 그것을 이루기 위해 힘쓰는 데 싫증 내지 않고, 사람을 가르치는 데 지치지 않는다면, 그렇게 말할 수 있을 뿐이다."
공서화가 말하였다. "바로 이것이 제자가 배우지 못하는 부분입니다."

| 7-34 |

子疾病, 子路請禱. 子曰:"有諸?" 子路對曰:"有之. 誄曰:'禱爾於上下神祇.'" 子曰:"丘之禱久矣."

공자가 병이 들자, 자로가 기도해 드리겠다고 청하였다.

공자가 말하였다. "그런 것이 있는가?"

자로가 대답하였다. "있습니다. 뇌誄에 이르기를 '그대를 위하여 상하의 신들에게 기도하노라.' 하였습니다."

공자가 말하였다. "나는 이미 오래전부터 기도해왔다."

DEEPSEEK

공자가 병이 들자, 자로가 기도를 청하였다.

공자가 말하였다. "그런 것이 있느냐?"

자로가 대답하였다. "있습니다. 뇌誄에 이르기를 '너를 위하여 천지의 신령께 기도한다.'라고 하였습니다."

공자가 말하였다. "구丘는 이미 오래전부터 기도해왔다."

| 7-35 |

子曰:"奢則不孫, 儉則固. 與其不孫也, 寧固."

ChatGPT

공자가 말하였다. "사치하면 교만해지고, 검소하면 고루해진다. 교만한 것보다는 차라리 고루한 것이 낫다."

DEEPSEEK

공자가 말하였다. "사치하면 교만해지고, 검소하면 고집스러워진다. 교만한 것보다는 고집스러운 것이 낫다."

子曰:"君子坦蕩蕩, 小人長戚戚."

⑤ ChatGPT

공자가 말하였다. "군자는 마음이 너그러워 태연하고, 소인은 늘 근심으로 가득 차 있다."

DEEPSEEK

공자가 말하였다. "군자는 마음이 탄탄하고 넓으며, 소인은 항상 근심한다."

子溫而厲, 威而不猛, 恭而安.

⑤ ChatGPT

공자는 온화하면서도 날카로웠고, 위엄이 있으면서도 사납지 않았으며, 공손하면서도 편안한 모습이었다.

DEEPSEEK

공자는 따뜻하면서도 엄격하고, 위엄이 있으면서도 사납지 않으며, 공손하면서도 안정되어 있었다.

8. 태백泰伯

8-1

子曰:"泰伯, 其可謂至德也已矣. 三以天下讓, 民無得而稱焉."

⑤ ChatGPT

공자가 말하였다. "태백은 참으로 지극한 덕을 지녔다고 할 만하다. 세 번이나 천하를 사양하였으나, 백성들은 이를 칭송할 길조차 없었다."

❄ DEEPSEEK

공자가 말하였다. "태백은 지극한 덕을 가졌다고 할 만하다. 세 번에 걸쳐 천하를 사양하였으되, 백성들은 그를 칭찬할 길이 없었다."

8-2

子曰:"恭而無禮則勞, 愼而無禮則葸, 勇而無禮則亂, 直而無禮則絞. 君子篤於親, 則民興於仁; 故舊不遺, 則民不偸."

⑤ ChatGPT

공자가 말하였다. "공손하면서도 예禮가 없으면 고되게 되고, 신중하면서도 예가 없으면 위축되며, 용감하면서도 예가 없으면 난폭해지고, 강직하면서도 예가 없으면 가혹해진다. 군자가 친족을 두텁게 대하면 백성들도 인仁을 실천하게 되고, 오랜 친구를 잊지 않으면 백성들도 의리를 저버리지 않게 된다."

114 · 논어, 두 AI의 눈으로 읽다

DEEPSEEK

공자가 말하였다. "공손하되 예가 없으면 수고로우며, 신중하되 예가 없으면 겁이 많고, 용맹하되 예가 없으면 난폭하며, 곧으나 예가 없으면 모질다. 군자가 친족에게 후하면 백성들이 인덕仁德을 일으키고, 옛 친구를 버리지 않으면 백성들이 박하지 않다."

| 8-3 |

曾子有疾, 召門弟子曰 : "啓予足, 啓予手.《詩》云 : '戰戰兢兢, 如臨深淵, 如履薄冰.' 而今而後, 吾知免夫! 小子!"

ChatGPT

증자가 병이 들자, 문하의 제자들을 불러 말하였다. "내 발을 보아라, 내 손을 보아라.《시경》에 이르기를 '두려워하고 삼가기를 깊은 연못을 마주한 듯이, 얇은 얼음을 밟는 듯이 하라.' 하였는데, 이제야 비로소 내가 그 경계를 벗어났음을 알겠구나! 얘들아!"

DEEPSEEK

증자가 병들어 문인들을 불러 말하였다. "내 발을 열어라. 내 손을 열어라.《시경》에 이르기를 '두려워하고 조심하여, 깊은 연못가에 서 있는 듯, 얇은 얼음을 밟는 듯 하라.' 하였으니, 이제부터 나는 면할 줄 알겠다! 젊은이들아!"

| 8-4 |

曾子有疾, 孟敬子問之. 曾子言曰 : "鳥之將死, 其鳴也哀 ; 人之將死, 其言也善. 君子所貴乎道者三 : 動容貌, 斯遠暴慢矣 ; 正顏色, 斯近信矣；出辭氣, 斯遠鄙倍矣, 籩豆之事, 則有司存."

⑤ ChatGPT

증자가 병이 들었을 때, 맹경자가 문안을 하러 왔다.

증자가 말하였다. "새는 죽음을 앞두면 그 울음소리가 애처롭고, 사람은 죽음을 앞두면 그 말이 선해진다. 군자가 도道에서 중요하게 여기는 세 가지가 있다. 몸가짐을 단정히 하면 난폭하고 거만한 태도를 멀리할 수 있고, 얼굴빛을 바르게 하면 신뢰에 가까워지며, 말을 조심하고 바르게 하면 천박함과 배신을 멀리할 수 있다. 제례에서 사용하는 변두籩豆 같은 의례 절차는 담당하는 관리가 맡아 처리하면 될 일이다."

⊗ DEEPSEEK

증자가 병이 들자, 맹경자가 문안하였다.

증자가 말하였다. "새가 죽을 때에는 그 울음소리가 슬프고, 사람이 죽을 때에는 그 말이 선하다. 군자가 도道에서 소중히 여기는 것은 세 가지이다. 용모를 단정히 하면 포학하고 오만함을 멀리할 수 있고, 얼굴빛을 바르게 하면 신의에 가까워질 수 있고, 말과 기운을 바르게 하면 비루함과 배은망덕함을 멀리할 수 있다. 변두籩豆와 같은 의식의 일은 관리가 담당할 것이다."

| **8-5**

曾子曰："以能問於不能, 以多問於寡, 有若無, 實若虛, 犯而不校, 昔者吾友嘗從事於斯矣."

---

⑤ ChatGPT

증자가 말하였다. "능한 자가 능하지 않은 자에게 묻고, 많이 아는 자가 적게 아는 자에게 묻는다. 가지고 있으면서도 없는 듯이 하고, 충실하면서도 비어 있는 듯이 하며, 모욕을 당하더라도 따지지 않는다. 예전에 내 벗이 바로 이러한 도리를 실천하였느니라."

DEEPSEEK

증자가 말하였다. "능력이 있는 사람이 능력이 없는 사람에게 묻고, 많은 것을 가진 사람이 적은 것을 가진 사람에게 묻고, 있는 것이 없는 것처럼, 실재하는 것이 비어 있는 것처럼, 남이 해를 끼쳐도 갚지 않는다. 옛날에 나의 친구가 이러한 일을 실천하였다."

| 8-6 |

曾子曰:"可以託六尺之孤, 可以寄百里之命, 臨大節而不可奪也, 君子人與? 君子人也."

ChatGPT

증자가 말하였다. "여섯 자의 어린아이를 맡길 수 있고, 나라의 백 리 영토를 맡길 수 있으며, 큰 절개를 마주해도 뜻을 굽히지 않는다면, 그가 군자라 할 수 있겠는가? 그는 진정한 군자이다."

DEEPSEEK

증자가 말하였다. "여섯 자의 어린아이를 맡길 수 있고, 백 리의 명령을 맡길 수 있으며, 큰 절의節義에 임해서도 빼앗기지 않는다면, 군자라 할 수 있겠는가? 군자라 할 수 있다."

| 8-7 |

曾子曰:"士不可以不弘毅, 任重而道遠. 仁以爲己任, 不亦重乎? 死而後已, 不亦遠乎?"

ChatGPT
증자가 말하였다. "선비는 도량이 넓고 뜻이 굳세지 않으면 안 된다. 그가 맡은 책임은 무겁고, 가야 할 길은 멀기 때문이다. 인仁은 자신의 책임이다. 이보다 더 무거운 일이 있겠는가? 죽은 뒤에야 그 책임이 끝나니, 이보다 더 먼 길이 있겠는가?"

DEEPSEEK
증자가 말하였다. "선비는 굳세고 의지가 있어야 하니, 임무가 무겁고 길이 멀기 때문이다. 인仁을 자기 임무로 삼는 것이 어찌 무겁지 않겠는가? 죽은 뒤에야 그만두는 것이 어찌 멀지 않겠는가?"

| 8-8 |

子曰: "興於詩, 立於禮, 成於樂."

ChatGPT
공자가 말하였다. "시는 사람을 일깨우고, 예禮는 사람을 바로 세우며, 악樂은 사람을 완성시킨다."

DEEPSEEK
공자가 말하였다. "시로 일어나고, 예禮로 서며, 음악으로 완성된다."

| 8-9 |

子曰: "民可使由之, 不可使知之."

ChatGPT

공자가 말하였다. "백성들은 그 길을 따르게 할 수는 있어도, 그 이치를 알게 할 수는 없다."

DEEPSEEK

공자가 말하였다. "백성들은 따라 행하게 할 수는 있어도, 그 이유를 알게 할 수는 없다."

| 8-10 |

子曰: "好勇疾貧, 亂也; 人而不仁, 疾之已甚, 亂也."

ChatGPT

공자가 말하였다. "용맹을 좋아하면서 가난을 미워하면 난을 일으키게 된다. 사람이 인仁을 갖추지 못했을 때, 그를 지나치게 미워하면 역시 난을 초래하게 된다."

DEEPSEEK

공자가 말하였다. "용맹을 좋아하고 가난을 싫어하면 난이 일어나고, 어진 사람이 아니라면 미워하기를 지나치게 하면 난이 일어난다."

| 8-11 |

子曰: "如有周公之才之美, 使驕且吝, 其餘不足觀也已."

ChatGPT

공자가 말하였다. "비록 주공과 같은 훌륭한 재능을 지녔다 하더라도, 그가 교만하고 인색하다면, 나머지는 볼 가치조차 없다."

DEEPSEEK
공자가 말하였다. "주공과 같은 재능과 아름다움이 있어도, 교만하고 인색하면 나머지는 볼 것이 없다."

| **8-12** |

子曰:"三年學, 不至於穀, 不易得也."

ChatGPT

공자가 말하였다. "삼 년 동안 학문을 닦으면서도 생계를 위한 곡식에 마음이 쏠리지 않는 사람은 얻기 어려운 인물이다."

DEEPSEEK

공자가 말하였다. "삼 년을 배우되 벼슬에 이르지 않으려는 사람은 얻기 어렵다."

| **8-13** |

子曰:"篤信好學, 守死善道. 危邦不入, 亂邦不居, 天下有道則見, 無道則隱. 邦有道, 貧且賤焉, 恥也;邦無道, 富且貴焉, 恥也."

ChatGPT

공자가 말하였다. "굳게 믿고 배움을 좋아하며, 목숨을 걸고 바른 도를 지킨다. 위태로운 나라에는 들어가지 않고, 혼란한 나라에는 머물지 않는다. 천하에 도가 있으면 나서고, 도가 없으면 숨는다. 나라에 도가 있을 때 가난하고 천하면 부끄러운 것이며, 나라에 도가 없을 때 부유하고 귀하면 그것 역시 부끄러운 것이다."

 DEEPSEEK
공자가 말하였다. "믿음이 돈독하고 학문을 좋아하며, 죽음을 지키면서도 선한 도道를 지킨다. 위험한 나라에는 들어가지 않고, 어지러운 나라에는 머물지 않는다. 천하에 도가 있으면 나타나고, 도가 없으면 숨는다. 나라에 도가 있는데 가난하고 천하다면, 그것은 부끄러운 일이다. 나라에 도가 없는데 부유하고 귀하다면, 그것도 부끄러운 일이다."

| 8-14 |

子曰:"不在其位, 不謀其政."

ChatGPT
공자가 말하였다. "그 자리에 있지 않으면, 그 정사를 도모하지 않는다."

 DEEPSEEK
공자가 말하였다. "그 자리에 있지 않으면 그 정사를 꾀하지 않는다."

| 8-15 |

子曰:"師摯之始,《關雎》之亂, 洋洋乎盈耳哉!"

ChatGPT
공자가 말하였다. "악사樂師 지摯가 연주를 시작할 때, 〈관저關雎〉의 끝맺음 부분이 크고 넉넉하게 울려 퍼지니, 그 소리가 귀에 가득 찼구나!"

 DEEPSEEK
공자가 말하였다. "사지師摯가 시작할 때와 〈관저〉가 끝날 때의 음악은 아름답게 귀에 가득 차는구나!"

子曰:"狂而不直, 侗而不愿, 悾悾而不信, 吾不知之矣."

⑤ ChatGPT

공자가 말하였다. "패기만 넘치면서도 정직하지 않고, 순박하면서도 진실되지 않으며, 성실한 듯하면서도 신뢰할 수 없다면, 나는 그런 사람을 알 도리가 없다."

✦ DEEPSEEK

공자가 말하였다. "방자하되 곧지 못하고, 어리석되 삼가지 않으며, 공허하되 믿음이 없으니, 나는 이런 사람을 알 수 없다."

子曰:"學如不及, 猶恐失之."

⑤ ChatGPT

공자가 말하였다. "배움은 마치 따라잡지 못할 것처럼 힘써야 하며, 이미 배운 것도 잃어버릴까 두려워해야 한다."

✦ DEEPSEEK

공자가 말하였다. "배움은 미치지 못할까 두려운 것과 같고, 이미 배운 것을 잃을까 두려운 것과 같다."

子曰:"巍巍乎! 舜·禹之有天下也而不與焉."

ChatGPT

공자가 말하였다. "위대하도다! 순舜과 우禹는 천하를 다스렸으나, 그것을 자신의 것으로 여기지 않았다."

DEEPSEEK

공자가 말하였다. "위대하도다! 순舜과 우禹가 천하를 소유했으나, 그것을 자신의 것으로 여기지 않았구나."

| 8-19 |

子曰:"大哉! 堯之爲君也. 巍巍乎! 唯天爲大, 唯堯則之. 蕩蕩乎! 民無能名焉. 巍巍乎! 其有成功也. 煥乎! 其有文章."

ChatGPT

공자가 말하였다. "위대하도다! 요堯가 임금이 됨이여. 높고도 높구나! 오직 하늘만이 클 뿐, 요만이 그것을 본받았도다. 넓고도 넓구나! 백성들은 그의 덕을 형언할 길이 없구나. 높고도 높구나! 그가 이룬 공적이여. 찬란하구나! 그가 남긴 문물이여."

DEEPSEEK

공자가 말하였다. "위대하도다! 요堯임금이 군주가 된 것이여. 높고 높도다! 오직 하늘만이 위대하니, 오직 요임금만이 하늘을 본받았도다. 넓고 넓도다! 백성들이 그를 칭송할 말이 없도다. 높고 높도다! 그가 이룬 공적이여. 빛나도다! 그가 만든 문장文章이여."

舜有臣五人而天下治. 武王曰:"予有亂臣十人." 孔子曰:"才難, 不其
然乎? 唐虞之際, 於斯爲盛, 有婦人焉, 九人而已. 三分天下有其二,
以服事殷, 周之德, 其可謂至德也已矣."

⑤ ChatGPT

순임금은 다섯 명의 신하를 두고도 천하를 잘 다스렸다.

무왕이 말하였다. "내게는 어지러운 시대를 바로잡아준 충신(亂臣) 열 명이
있다."

공자가 말하였다. "재능 있는 인재를 얻기가 어려운 것이 아니겠는가? 당요
唐堯와 우순虞舜 시대가 가장 성대하였지만, 그 가운데 한 명은 여인이었으
니, 실제로는 아홉 명뿐이었다. 주周는 천하의 삼분의 이를 차지하고도 은殷
을 섬겼으니, 그 덕을 지극한 덕이라 이를 만하다."

⑤ DEEPSEEK

순임금은 다섯 명의 신하가 있어 천하를 다스렸다.

무왕이 말하였다. "나는 열 명의 어진 신하가 있다."

공자가 말하였다. "인재를 얻기 어려운 것이 아니겠는가? 당요唐堯와 우순虞
舜의 시대에 이보다 더 융성한 때가 있었겠는가? 그중에 한 명은 부인이었
으니, 실제로는 아홉 명뿐이었다. 천하의 삼분의 이를 차지하고도 은殷나라
를 섬겼으니, 주周나라의 덕은 지극한 덕이라 할 만하도다."

子曰:"禹吾無間然矣. 菲飮食, 而致孝乎鬼神;惡衣服, 而致美乎黻
冕;卑宮室, 而盡力乎溝洫, 禹吾無間然矣."

ChatGPT

공자가 말하였다. "우禹에 대해서는 나는 조금도 흠잡을 것이 없다. 먹고 마시는 것은 검소하였으나 귀신에게는 지극한 정성으로 제사를 올렸고, 옷은 초라하였으나 예복은 가장 정갈하게 갖추었으며, 궁실은 누추하였으나 수로와 도랑을 정비하는 데는 모든 힘을 다하였다. 우에 대해서는 나는 조금도 흠잡을 것이 없다."

DEEPSEEK

공자가 말하였다. "우禹임금에 대해서는 나는 더 이상 할 말이 없구나. 음식을 검소하게 먹으면서도 귀신에게 효도를 다하고, 옷을 거칠게 입으면서도 예복과 관모를 아름답게 하였으며, 궁궐을 낮추어 지으면서도 도랑과 수로를 만드는 데 힘을 다하였으니, 우임금에 대해서는 나는 더 이상 할 말이 없구나."

9. 자한子罕

| 9-1 |

子罕言利與命與仁.

⑤ ChatGPT

공자는 이익(利)과 천명天命과 인仁에 대해 좀처럼 말하지 않았다.

🐋 DEEPSEEK

공자는 이익(利)과 천명(命)과 인仁에 대해 말하기를 드물게 하였다.

| 9-2 |

達巷黨人曰:"大哉! 孔子. 博學而無所成名." 子聞之, 謂門弟子曰:"吾
何執? 執御乎? 執射乎? 吾執御矣."

⑤ ChatGPT

달항당達巷黨의 사람이 말하였다. "위대하도다! 공자는 박학다식하지만, 어
느 한 가지로 이름을 낸 적이 없구나."

공자가 이 말을 듣고 문하의 제자들에게 말하였다. "내가 무엇을 전공해야
한단 말인가? 마차 모는 법을 익혀야 하는가, 활 쏘는 법을 익혀야 하는가?
그렇다면 나는 마차 모는 법을 익히겠다."

🐋 DEEPSEEK

달항당達巷黨의 사람이 말하였다. "위대하도다! 공자여. 널리 배웠으나 특정
한 이름을 얻지는 못했도다."

공자가 이를 듣고 제자들에게 말하였다. "내가 무엇을 잡을까? 말을 모는 것을 잡을까? 활을 쏘는 것을 잡을까? 나는 말을 모는 것을 잡겠다."

9-3

子曰: "麻冕, 禮也, 今也純, 儉, 吾從衆; 拜下, 禮也, 今拜乎上, 泰也, 雖
違衆, 吾從下."

⑤ ChatGPT

공자가 말하였다. "삼(麻)으로 만든 면류관이 예(禮)이나, 지금은 명주(純)로 만든 것을 쓰니 이는 검소함 때문이니라. 나는 이에 대해 다수의 의견을 따르겠다. 예법에 따르면 절할 때는 아래에서 해야 하지만, 지금은 위에서 절하니 이는 교만한 태도이다. 비록 다수의 의견과 다르더라도, 나는 예에 따라 아래에서 절하겠다."

◆ DEEPSEEK

공자가 말하였다. "삼으로 만든 관(麻冕)은 예(禮)이지만, 지금은 순수한 비단으로 만드니 검소하구나. 나는 대중을 따른다. 아래에서 절하는 것은 예이지만, 지금은 위에서 절하니 태만하구나. 비록 대중을 어기더라도 나는 아래에서 절하겠다."

9-4

子絶四: 毋意, 毋必, 毋固, 毋我.

⑤ ChatGPT

공자는 네 가지를 끊었다. 자의적 추측(意)을 하지 않으며, 무조건적인 단정

(必)을 하지 않으며, 고집(固)을 부리지 않으며, 자기중심적 태도(我)를 가지지
않았다.

🐋 DEEPSEEK

공자는 네 가지를 끊었다. 억측하지 않았고, 반드시 그러해야 한다고 고집
하지 않았고, 고집스럽게 고정하지 않았고, 자기만을 내세우지 않았다.

| **9-5** |

子畏於匡, 曰:"文王旣沒, 文不在茲乎? 天之將喪斯文也, 後死者不得
與於斯文也;天之未喪斯文也, 匡人其如予何?"

---

⑤ ChatGPT

공자가 광匡에서 위기에 처하자, 말하였다. "문왕이 이미 세상을 떠났지만,
문文이 지금 여기 남아 있지 않은가? 하늘이 이 문을 없애려 한다면, 뒤에 태
어난 자들은 이 문에 참여하지 못할 것이다. 그러나 하늘이 아직 이 문을 없
애지 않으려 한다면, 광 사람들이 나를 어찌할 수 있겠는가?"

🐋 DEEPSEEK

공자가 광匡 땅에서 위협을 받으며 말하였다. "문왕이 이미 돌아가셨으나,
문文이 여기에 있지 않은가? 하늘이 이 문을 없애려 한다면 뒤에 죽을 자가
이 문에 참여하지 못할 것이다. 하늘이 이 문을 없애지 않으려 한다면, 광 사
람들이 나를 어찌겠는가?"

| **9-6** |

大宰問於子貢曰:"夫子聖者與? 何其多能也?" 子貢曰:"固天縱之將

聖, 又多能也." 子聞之, 曰:"大宰知我乎! 吾少也賤, 故多能鄙事. 君子多乎哉? 不多也." 牢曰:"子云:'吾不試, 故藝.'"

---

⑤ ChatGPT

태재가 자공에게 물었다. "선생님(공자)께서는 성인聖人이신가? 어찌하여 그리도 많은 능력을 갖추고 계신가?"

자공이 대답하였다. "본래 하늘이 성인의 자질을 주셨거니와, 또한 여러 가지 능력까지 겸비하셨습니다."

공자가 이 말을 듣고 말하였다. "태재가 나를 아는구나! 나는 젊은 시절 미천한 신분이었기 때문에 많은 잡일을 익힐 수밖에 없었다. 군자가 많은 기술을 익히겠는가? 그렇지 않다."

뇌牢가 말하였다. "선생님께서 말씀하시기를 '나는 쓰이지 않았기에, 오히려 예藝를 지닐 수 있었다.'고 하셨다."

◆ DEEPSEEK

태재가 자공에게 물었다. "선생님은 성인聖人이십니까? 어찌 그리 많은 재주를 갖고 계십니까?"

자공이 대답하였다. "하늘이 본래 그를 성인으로 내려보내셨고, 또 많은 재주를 주셨습니다."

공자가 이를 듣고 말하였다. "태재가 나를 아는구나! 내가 어렸을 때 미천했기 때문에 천한 일을 많이 할 수 있었다. 군자에게 많은 재주가 필요하겠는가? 필요하지 않다."

뇌牢가 말하였다. "선생님께서 말씀하시길 '나는 관직에 등용되지 못했기 때문에 여러 가지 예능을 익히게 되었다.'라고 하셨다."

子曰: "吾有知乎哉? 無知也. 有鄙夫問於我, 空空如也, 我叩其兩端而
竭焉."

⑤ ChatGPT

공자가 말하였다. "내게 아는 것이 있겠는가? 나는 아는 것이 없다. 어떤 비
천한 사람이 내게 물으면, 나는 텅 빈 그릇처럼 겸허한 마음으로 듣고, 그의
질문에 대해 양쪽 끝에서 탐구하여 온 힘을 다해 답할 뿐이다."

◆ DEEPSEEK

공자가 말하였다. "내가 아는 것이 있겠는가? 아는 것이 없다. 천한 사람이
나에게 묻더라도 비어 있는 것처럼 여기고, 나는 그 양극단을 두드려보아
다 알아내려고 한다."

子曰: "鳳鳥不至, 河不出圖, 吾已矣夫!"

⑤ ChatGPT

공자가 말하였다. "봉황이 오지 않고, 황하에서 하도河圖가 나오지 않으니,
나는 이제 끝났구나!"

◆ DEEPSEEK

공자가 말하였다. "봉황새가 오지 않고, 황하에서 도圖가 나오지 않으니, 나
는 이제 끝났구나!"

子見齊衰者·冕衣裳者與瞽者, 見之, 雖少, 必作, 過之, 必趨.

ChatGPT

공자는 상복喪服을 입은 사람, 예복禮服을 입은 사람, 그리고 맹인을 보면, 비록 그가 나이가 어리더라도 반드시 자리에서 일어나 예를 갖추었으며, 그들 앞을 지나갈 때는 반드시 걸음을 재촉하였다.

DEEPSEEK

공자는 상복을 입은 자, 관복을 입은 자, 그리고 눈먼 자를 보면 비록 젊은 사람이라도 반드시 일어섰고, 그들을 지나칠 때는 반드시 빠르게 걸었다.

顔淵喟然歎曰: "仰之彌高, 鑽之彌堅, 瞻之在前, 忽焉在後. 夫子循循然善誘人, 博我以文, 約我以禮. 欲罷不能, 旣竭吾才, 如有所立卓爾. 雖欲從之, 末由也已."

ChatGPT

안연이 깊은 탄식을 하며 말하였다. "우러러보면 더욱 높아지고, 파고들면 더욱 단단해지며, 바로 앞에 있는 듯 바라보면, 어느새 뒤로 사라져버린다. 선생님께서는 한 걸음 한 걸음 차근차근 사람을 잘 이끌어주신다. 나를 문文으로 넓혀주시고, 나를 예禮로 절제하게 하신다. 그만두려 해도 그럴 수 없고, 내 능력을 다 쏟아도, 마치 무엇인가 우뚝 서 있는 듯하여 비록 그 길을 따르고 싶어도, 어찌할 바를 알 수가 없다."

DEEPSEEK

안연이 탄식하며 말하였다. "선생님의 도를 우러러보면 더욱 높고, 파고들면 더욱 견고하며, 앞에 있는 듯 보이다가도 문득 뒤에 있는 듯합니다. 선생님은 차근차근 사람을 잘 이끄시고, 나를 문文으로 넓히시고 예禮로 절제하게 하십니다. 그만두고 싶어도 그만둘 수 없고, 내 재주를 다 써도 마치 무엇인가가 우뚝 서 있는 듯합니다. 비록 따르고 싶어도 길이 없습니다."

| 9-11 |

子疾病, 子路使門人爲臣. 病間, 日:"久矣哉! 由之行詐也. 無臣而爲
有臣, 吾誰欺? 欺天乎! 且予與其死於臣之手也, 無寧死於二三子之
手乎! 且予縱不得大葬, 予死於道路乎?"

⑤ ChatGPT
공자가 병이 들자, 자로가 문하의 제자들에게 공자의 시중을 드는 신하 역할을 하게 하였다.
병이 조금 나아지자, 공자가 말하였다. "유由의 속임수가 참으로 오래되었구나! 신하가 없으면서도 있는 것처럼 꾸미다니, 내가 누구를 속이겠느냐? 하늘을 속이겠느냐? 그리고 내가 차라리 신하의 손에서 죽는 것보다는, 너희 제자들의 손에서 죽는 것이 낫지 않겠느냐! 설령 내가 후하게 장례를 치르지 못한다 해도, 설마 길바닥에서 죽게 되겠느냐?"

◈ DEEPSEEK
공자가 병이 들자, 자로가 문인門人들을 신하로 삼게 하였다.
병이 나아지자, 공자가 말하였다. "오래되었구나! 유由(자로)가 속임수를 쓰는 것이여. 신하가 없으면서 신하가 있는 것처럼 하니, 내가 누구를 속이는가? 하늘을 속이는가? 또 나는 신하의 손에서 죽는 것보다는 차라리 너희들 손에서 죽는 것이 낫지 않겠는가! 또 내가 비록 큰 장례를 받지 못하더라도, 내가 길에서 죽겠는가?"

子貢曰:"有美玉於斯, 韞匵而藏諸? 求善賈而沽諸?" 子曰:"沽之哉! 沽之哉! 我待賈者也."

⑤ ChatGPT

자공이 물었다. "여기에 아름다운 옥이 있다면, 상자에 넣어 간직해두어야 합니까? 아니면 좋은 값을 쳐줄 사람을 찾아 팔아야 합니까?"
공자가 말하였다. "팔아야지! 팔아야지! 나는 그 가치를 알아줄 사람을 기다리고 있다."

⊙ DEEPSEEK

자공이 말하였다. "아름다운 옥이 여기에 있는데, 상자에 넣어 감추어둘까요? 좋은 값을 주는 상인을 찾아 팔까요?"
공자가 말하였다. "팔라! 팔라! 나는 좋은 값을 주는 상인을 기다리는 자이다."

子欲居九夷. 或曰:"陋, 如之何?" 子曰:"君子居之, 何陋之有?"

⑤ ChatGPT

공자가 구이九夷 지역에서 살고자 하였다.
어떤 사람이 말하였다. "그곳은 낙후된 곳인데, 어떻게 하시겠습니까?"
공자가 말하였다. "군자가 그곳에 살면, 어찌 낙후된 곳이겠는가?"

⊙ DEEPSEEK

공자가 구이九夷에 살고 싶어 하였다.
어떤 사람이 말하였다. "그곳은 누추한데, 어떻게 하시겠습니까?"
공자가 말하였다. "군자가 거기 산다면 누추할 것이 무엇인가?"

子曰:"吾自衛反魯, 然後樂正, 雅頌各得其所."

ⓢ ChatGPT

공자가 말하였다. "내가 위衛나라에서 노魯나라로 돌아온 뒤에야, 악樂이 바로잡혀, 아雅와 송頌이 각각 제자리를 찾게 되었다."

◆ DEEPSEEK

공자가 말하였다. "내가 위衛나라에서 노魯나라로 돌아온 뒤에야 음악이 바로잡히고, 아雅와 송頌이 각각 제자리를 찾았다."

子曰:"出則事公卿, 入則事父兄, 喪事不敢不勉, 不爲酒困, 何有於我哉?"

ⓢ ChatGPT

공자가 말하였다. "밖에 나가면 공경公卿을 섬기고, 집에 들어오면 부모와 형을 섬기며, 상사喪事에는 감히 최선을 다하지 않을 수 없고, 술에 취해 방종하지 않는다면, 내게 무엇이 어렵겠는가?"

◆ DEEPSEEK

공자가 말하였다. "밖으로 나가면 공경公卿을 섬기고, 안으로 들어오면 부형父兄을 섬기며, 상사喪事에 힘쓰지 않음이 없고, 술에 얽매이지 않으니, 내게 무엇이 있겠는가?"

子在川上曰:"逝者如斯夫! 不舍晝夜."

⑤ ChatGPT

공자가 강가에 있다가 말하였다. "흘러가는 것이 이와 같구나! 밤낮을 가리지 않고 멈추지 않는구나."

⚫ DEEPSEEK

공자가 강가에 서서 말하였다. "지나가는 것이 이와 같구나! 밤낮으로 쉬지 않는다."

| 9-17 |

子曰:"吾未見好德如好色者也."

⑤ ChatGPT

공자가 말하였다. "나는 아직 덕德을 좋아하기를 색色을 좋아하듯 하는 사람을 보지 못했다."

⚫ DEEPSEEK

공자가 말하였다. "나는 덕德을 좋아하기를 색色을 좋아하는 것처럼 하는 사람을 보지 못했다."

| 9-18 |

子曰:"譬如爲山, 未成一簣, 止, 吾止也;譬如平地, 雖覆一簣, 進, 吾往也."

ChatGPT

공자가 말하였다. "이는 마치 산을 쌓는 것과 같다. 아직 한 삼태기만큼 덜 쌓았을 때 멈춘다면, 그것은 내가 멈춘 것이다. 이는 마치 평지를 고르는 것과 같다. 비록 한 삼태기를 덮는 것이라도 앞으로 나아간다면, 그것은 내가 나아가는 것이다."

DEEPSEEK

공자가 말하였다. "예를 들어 산을 쌓는 것과 같아서, 한 삼태기의 흙이 부족하여 멈추면 내가 멈춘 것이다. 예를 들어 평지를 쌓는 것과 같아서, 비록 한 삼태기의 흙을 부어도 나아가면 내가 나아간 것이다."

| **9-19** |

子曰:"語之而不惰者, 其回也與!"

ChatGPT

공자가 말하였다. "가르쳐주어도 게을리하지 않는 자, 아마도 안회일 것이다!"

DEEPSEEK

공자가 말하였다. "말을 해도 게을리하지 않는 자는 회回일 것이다!"

| **9-20** |

子謂顔淵曰:"惜乎! 吾見其進也, 未見其止也."

ChatGPT

공자가 안연에 대해 말하였다. "아깝구나! 나는 그가 앞으로 나아가는 것은 보았으나, 멈추는 것은 보지 못하였다."

DEEPSEEK

공자가 안연을 두고 말하였다. "아깝구나! 나는 그가 나아가는 것을 보았지만, 그가 멈추는 것을 보지 못했다."

| 9-21 |

子曰: "苗而不秀者有矣夫, 秀而不實者有矣夫!"

ChatGPT

공자가 말하였다. "싹이 트고도 이삭이 패지 않는 경우가 있듯이, 이삭이 패고도 열매를 맺지 못하는 경우도 있구나!"

DEEPSEEK

공자가 말하였다. "싹이 나고도 꽃이 피지 않는 경우가 있고, 꽃이 피고도 열매를 맺지 않는 경우가 있다."

| 9-22 |

子曰: "後生可畏, 焉知來者之不如今也? 四十·五十而無聞焉, 斯亦不足畏也已."

ChatGPT

공자가 말하였다. "젊은 세대는 두려워할 만하다. 어찌 후세 사람들이 지금 세대만 못하리라고 단정할 수 있겠는가? 그러나 마흔이나 쉰이 되도록 이름을 떨치지 못한다면, 그는 더 이상 두려워할 대상이 못 된다."

DEEPSEEK

공자가 말하였다. "후생後生은 두렵다. 어떻게 장래의 사람들이 지금의 사람

9. 자한子罕 · 137

들보다 못할 줄 알겠는가? 그러나 마흔, 쉰 살이 되어도 이름이 없으면, 그 또한 두려워할 만한 것이 못 된다."

子曰:"法語之言, 能無從乎? 改之爲貴. 巽與之言, 能無說乎? 繹之爲貴. 說而不繹, 從而不改, 吾末如之何也已矣."

⑤ ChatGPT

공자가 말하였다. "바른 말(法語)을 들었을 때, 따르지 않을 수 있겠는가? 그러나 중요한 것은 그것을 고치는 것이다. 공손한 말(巽語)을 들었을 때, 기쁘지 않을 수 있겠는가? 그러나 중요한 것은 그것을 깊이 헤아리는 것이다. 기뻐하기만 하고 깊이 헤아리지 않으며, 따르기만 하고 고치지 않는다면, 나는 그런 사람을 어찌할 도리가 없다."

⚫ DEEPSEEK

공자가 말하였다. "법도에 맞는 말을 듣고 따르지 않을 수 있겠는가? 그러나 고치는 것이 귀하다. 순종하는 말을 듣고 기뻐하지 않을 수 있겠는가? 그러나 그 뜻을 헤아리는 것이 귀하다. 기뻐하기만 하고 헤아리지 않으며, 따르기만 하고 고치지 않는다면, 나는 그를 어쩔 수 없다."

子曰:"主忠信, 毋友不如己者, 過則勿憚改."

⑤ ChatGPT

공자가 말하였다. "충성과 신의를 지켜라. 자기보다 못한 사람을 벗삼지 말

라. 잘못을 저질렀다면, 고치는 것을 두려워하지 말라.”

DEEPSEEK

공자가 말하였다. “충신忠信을 주로 삼고, 자기보다 못한 자를 친구로 삼지
말며, 잘못이 있으면 고치기를 꺼리지 말라.”

| **9-25** |

子曰:“三軍可奪帥也, 匹夫不可奪志也.”

ChatGPT

공자가 말하였다. “삼군三軍의 장수는 빼앗을 수 있어도, 한 평범한 사내의
뜻은 빼앗을 수 없다.”

DEEPSEEK

공자가 말하였다. “삼군三軍의 대장도 빼앗을 수 있지만, 한 사람의 뜻은 빼
앗을 수 없다.”

| **9-26** |

子曰:“衣敝縕袍, 與衣狐貉者, 立而不恥者, 其由也與! 不忮不求, 何
用不臧?” 子路終身誦之. 子曰:“是道也, 何足以臧?”

ChatGPT

공자가 말하였다. “낡은 무명옷을 입고도, 여우나 담비 가죽옷을 입은 사람
들과 함께 서서 부끄러워하지 않는 자, 그가 바로 유由(자로)가 아니겠는가!
시기하지 않고 탐하지 않는다면, 어찌 아름답지 않겠는가?”
자로는 이 말을 평생 되뇌었다.

그러자 공자가 말하였다. "이것만으로 어찌 충분히 아름답다고 할 수 있겠는가?"

DEEPSEEK

공자가 말하였다. "해진 솜옷을 입고 여우와 너구리 털옷을 입은 사람과 함께 서도 부끄러워하지 않는 자는 바로 유曲(자로)일 것이다. 시기하지 않고 탐내지 않으니, 어찌 좋지 않겠는가?"

자로가 평생 이를 외웠다.

공자가 말하였다. "이 정도의 도道로는 어찌 충분히 좋다고 할 수 있겠는가?"

| **9-27** |

子曰: "歲寒, 然後知松栢之後彫也."

ChatGPT

공자가 말하였다. "날씨가 추워진 뒤에야, 소나무와 잣나무가 마지막까지 시들지 않음을 알게 된다."

DEEPSEEK

공자가 말하였다. "날씨가 추워진 뒤에야 소나무와 잣나무가 늦게 시드는 것을 안다."

| **9-28** |

子曰: "知者不惑, 仁者不憂, 勇者不懼."

ChatGPT

공자가 말하였다. "지혜로운 사람은 의혹에 빠지지 않고, 어진 사람은 근심하지 않으며, 용감한 사람은 두려워하지 않는다."

DEEPSEEK

공자가 말하였다. "지혜로운 자는 의혹이 없고, 어진 자는 근심이 없으며, 용기 있는 자는 두려움이 없다."

| 9-29 |

子曰:"可與共學, 未可與適道;可與適道, 未可與立;可與立, 未可與權."

ChatGPT

공자가 말하였다. "함께 학문을 배울 수는 있어도, 반드시 도道를 함께 실천할 수 있는 것은 아니다. 함께 도를 실천할 수는 있어도, 반드시 스스로 확고히 설 수 있는 것은 아니다. 스스로 확고히 설 수는 있어도, 반드시 상황에 따라 적절히 대처할 수 있는 것은 아니다."

DEEPSEEK

공자가 말하였다. "함께 배울 수는 있어도 함께 도道에 나아갈 수는 없고, 함께 도에 나아갈 수는 있어도 함께 설 수는 없으며, 함께 설 수는 있어도 함께 권도權道를 행할 수는 없다."

| 9-30 |

"唐棣之華, 偏其反而. 豈不爾思? 室是遠而." 子曰:"未之思也, 夫何遠之有?"

⑤ ChatGPT

"당체唐棣의 꽃이여, 이리저리 흔들리는구나. 어찌 너를 생각하지 않으랴? 다만 집이 멀 뿐이로다."

공자가 말하였다. "아직 진정으로 그리워하지 않는 것이다. 정말로 간절히 그리워한다면, 어찌 멀다 하겠는가?"

⚉ DEEPSEEK

"당체唐棣의 꽃이 한쪽으로 기울어졌다. 어찌 너를 생각하지 않겠는가? 집이 멀기 때문이다."

공자가 말하였다. "진정으로 생각하지 않은 것이다. 어찌 멀겠는가?"

10. 향당鄕黨

10-1

孔子於鄕黨, 恂恂如也, 似不能言者. 其在宗廟·朝廷, 便便言, 唯謹爾.

ChatGPT

공자는 고향 마을에 있을 때는 매우 공손하고 신중하여, 마치 말 못하는 사람처럼 보였다. 그러나 종묘宗廟나 조정朝廷에 있을 때는 조리 있게 말하였으나, 단지 신중할 뿐이었다.

DEEPSEEK

공자가 고향 마을에서는 조심스럽고 온순하여 말을 잘하지 못하는 사람처럼 보였다. 그러나 종묘나 조정에서는 분명하게 말하였으나, 오직 신중할 뿐이었다.

10-2

朝, 與下大夫言, 侃侃如也; 與上大夫言, 誾誾如也. 君在, 踧踖如也, 與與如也.

ChatGPT

조정에서 공자는 하대부下大夫와 말할 때는 온화하고 솔직하게 말하였으며, 상대부上大夫와 말할 때는 공경하고 조심스럽게 말하였다. 임금이 계실 때는 조심스럽고 경건하며, 매우 공손하게 행동하였다.

DEEPSEEK

조정에서 하대부下大夫와 말할 때는 온화하고 편안하게 말하였고, 상대부上大夫와 말할 때는 공손하고 정중하게 말하였다. 임금이 계실 때는 공경스럽고 조심스러우며, 단정하게 행동하였다.

10-3

君召使擯, 色勃如也, 足躩如也. 揖所與立, 左右手, 衣前後, 襜如也.
趨進, 翼如也. 賓退, 必復命曰:"賓不顧矣."

ChatGPT

임금이 불러서 손님을 맞이하는 일을 맡기면, 공자는 표정이 엄숙해지고, 발걸음이 빠르고 경쾌해졌다. 인사할 때는 몸을 바르게 하여 정중히 예를 올렸으며, 손을 바르게 하고, 옷매무새를 단정하게 하였다. 빠르게 걸어 나갈 때는 마치 새의 날개처럼 균형을 잡으며 움직였다. 손님이 물러나면 반드시 돌아와 보고하며, "손님이 더 이상 뒤돌아보지 않았습니다."라고 말하였다.

DEEPSEEK

임금이 불러서 빈객을 맞이하게 하면, 얼굴빛이 급격히 변하고 발걸음이 빨라졌다. 함께 서있는 사람들에게 읍하며, 왼손과 오른손을 번갈아 사용하고, 옷의 앞뒤를 가지런히 하여 단정하게 하였다. 빨리 나아갈 때는 새가 날개를 펴는 것 같았다. 빈객이 물러나면 반드시 복명復命하여 말하였다. "빈객이 돌아보지 않고 갔습니다."

入公門, 鞠躬如也, 如不容. 立不中門, 行不履閾. 過位, 色勃如也, 足躩如也, 其言似不足者. 攝齊升堂, 鞠躬如也, 屛氣似不息者. 出降一等, 逞顔色, 怡怡如也. 沒階, 趨進, 翼如也. 復其位, 踧踖如也.

⑤ ChatGPT

공자는 조정(公門)에 들어갈 때는 몸을 굽혀 조심스럽게 하였으며, 마치 그곳에 자신이 용납되지 않는 듯이 행동하였다. 설 때는 문 가운데에 서지 않았고, 걸을 때는 문지방을 밟지 않았다. 임금의 자리를 지날 때는 얼굴빛이 긴장되어 굳어졌고, 발걸음은 조심스러웠으며, 말할 때는 마치 부족한 듯 신중하게 하였다. 제사를 준비할 때 대청에 오를 때는 몸을 더욱 숙이고, 숨을 죽이며 마치 숨조차 쉬지 않는 듯했다. 제사가 끝나고 한 단계 내려올 때는 얼굴빛이 편안해졌으며, 온화하고 기쁨이 넘치는 모습이었다. 계단에서 완전히 내려오면 걸음을 빨리하여 앞으로 나아갔으며, 마치 날개를 단 듯이 단정하고 가벼웠다. 자리로 돌아온 후에는 다시 조심스럽고 경건한 태도를 유지하였다.

⑤ DEEPSEEK

공문公門에 들어갈 때는 몸을 굽혀 마치 들어갈 자리가 없는 것처럼 하였다. 문 중앙에 서지 않았고, 걸을 때는 문턱을 밟지 않았다. 자리를 지날 때는 얼굴빛이 급격히 변하고 발걸음이 빨라졌으며, 말은 마치 할 말이 없는 것처럼 하였다. 옷자락을 잡고 당에 오를 때는 몸을 굽혀 숨을 죽인 것 같았다. 나올 때는 한 계단 내려와서 얼굴빛을 펴고 온화하게 하였다. 계단을 다 내려오면 빨리 나아가 새가 날개를 펴는 것 같았다. 다시 자리로 돌아가면 공경스럽고 조심스러웠다.

執圭, 鞠躬如也, 如不勝. 上如揖, 下如授. 勃如戰色, 足蹜蹜如有循. 享禮, 有容色. 私覿, 愉愉如也.

⑥ ChatGPT

홀(圭)을 들고 있을 때는 몸을 숙여 조심스럽게 하였으며, 마치 그 무게를 감당하지 못하는 듯한 모습이었다. 위로 올릴 때는 마치 공손하게 맞절하는 듯하였고, 아래로 내릴 때는 마치 공경스럽게 바치는 듯하였다. 그 얼굴빛은 긴장되어 마치 전쟁에 임하는 듯하였으며, 발걸음은 조심스러워 마치 일정한 법도를 따르는 듯하였다. 제사(享禮)에서는 얼굴빛에 너그러움이 깃들었고, 사적으로 만날 때는 기쁨이 넘쳐 온화한 모습이었다.

⚛ DEEPSEEK

규圭를 잡을 때는 몸을 굽혀 마치 감당하지 못하는 것처럼 하였다. 위로 올릴 때는 읍하는 것 같고, 아래로 내릴 때는 주는 것 같았다. 얼굴빛이 급격히 변하여 마치 전쟁에 나가는 것 같고, 발걸음은 조심스럽게 마치 길을 따라가는 것 같았다. 제물을 바칠 때는 단정한 모습이 있었다. 사적으로 만날 때는 유쾌하고 편안하였다.

君子不以紺緅飾, 紅紫不以爲褻服. 當暑, 袗絺綌, 必表而出之. 緇衣羔裘, 素衣麑裘, 黃衣狐裘. 褻裘長, 短右袂. 必有寢衣, 長一身有半. 狐貉之厚以居. 去喪, 無所不佩. 非帷裳, 必殺之. 羔裘玄冠不以弔. 吉月, 必朝服而朝.

군자는 감람색과 붉은색으로 장식하지 않으며, 붉은색과 자색을 평상복으로 삼지 않는다. 더운 계절에는 베옷을 입되, 반드시 겉옷을 덧입고 밖으로 나간다. 검은 옷에는 어린 양가죽을, 흰 옷에는 어린 사슴가죽을, 누런 옷에는 여우가죽을 입는다. 평상복으로 입는 갖옷은 길고, 오른쪽 소매는 짧다. 반드시 잠옷을 갖추는데, 길이는 신장의 한 배 반이다. 두꺼운 여우와 담비의 가죽옷을 집에서 입는다. 상喪을 마친 뒤에는 어떤 장신구도 가리지 않고 착용한다. 장막이나 치마가 아닌 것은 반드시 길이를 줄인다. 어린 양가죽옷과 검은 관冠은 조문할 때 입지 않는다. 길한 달에는 반드시 조복朝服을 입고 조정에 나아간다.

군자는 감색이나 자주색으로 옷을 꾸미지 않았고, 붉은색과 자주색으로 속옷을 만들지 않았다. 더울 때는 가는 삼베나 굵은 삼베옷을 입었으나, 반드시 겉옷을 입고 나갔다. 검은 옷에는 양가죽 옷을, 흰 옷에는 사슴가죽 옷을, 노란 옷에는 여우가죽 옷을 입었다. 속옷은 길게 하였고, 오른쪽 소매는 짧게 하였다. 반드시 잠옷을 갖추었는데, 길이는 몸의 한 배 반 정도였다. 여우나 너구리 가죽으로 두꺼운 옷을 입고 집에 있었다. 상복을 벗고 나면 모든 장식을 하였다. 휘장으로 만든 치마가 아니면 반드시 길이를 줄였다. 양가죽 옷과 검은 모자는 상중에 입지 않았다. 초하루에는 반드시 조복朝服을 입고 조회에 참석하였다.

| 10-7 |

齊必有明衣, 布. 齊必變食, 居必遷坐.

ChatGPT

재계齋戒할 때는 반드시 명의明衣를 갖추는데, 이는 베로 만든다. 재계할 때는 반드시 음식을 바꾸며, 거처에서는 반드시 자리를 옮겨 앉는다.

DEEPSEEK

재계할 때는 반드시 깨끗한 옷을 입었는데, 그것은 삼베로 만들었다. 재계할 때는 반드시 음식을 바꾸었고, 거처도 옮겼다.

10-8

食不厭精, 膾不厭細. 食饐而餲, 魚餒而肉敗, 不食, 色惡不食, 臭惡不食, 失飪不食, 不時不食, 割不正不食, 不得其醬不食. 肉雖多, 不使勝食氣. 唯酒無量, 不及亂. 沽酒市脯不食. 不撤薑食, 不多食. 祭於公, 不宿肉. 祭肉不出三日, 出三日, 不食之矣. 食不語, 寢不言. 雖疏食菜羹, 瓜祭, 必齊如也.

ChatGPT

음식은 정밀함을 싫어하지 않으며, 회膾는 가늘게 써는 것을 싫어하지 않는다. 음식이 상하여 쉰 냄새가 나거나, 생선이 상하거나, 고기가 부패하면 먹지 않는다. 색깔이 나쁘면 먹지 않고, 냄새가 고약하면 먹지 않으며, 조리가 잘못되면 먹지 않는다. 제철이 아닌 음식은 먹지 않으며, 고기를 베는 것이 바르지 않으면 먹지 않는다. 음식에 맞는 장醬이 없으면 먹지 않는다.

고기가 많더라도 주된 음식의 맛을 압도하지 않도록 한다. 오직 술은 양을 제한하지 않으나, 혼란스러울 정도로 마시지는 않는다. 시장에서 산 술과 말린 고기는 먹지 않는다. 생강을 식탁에서 치우지 않으며, 너무 많이 먹지도 않는다. 공공의 제사에서는 고기를 하룻밤 이상 두지 않는다. 제사에 사용한 고기는 사흘을 넘기지 않는다. 사흘이 지나면 먹지 않는다. 음식을 먹을 때는 말을 하지 않으며, 잠자리에 들 때도 말을 하지 않는다. 비록 거친 밥과 나물국, 오이로 제사를 지내더라도 반드시 정성을 다하여 재계하는 것과 같이 한다.

DEEPSEEK

음식은 정교하게 만든 것을 좋아하고, 회는 가늘게 썬 것을 좋아하였다. 음식이 쉬어 상했거나, 생선이 상하고 고기가 썩은 것은 먹지 않았다. 색깔이 나쁜 것은 먹지 않았다. 냄새가 나쁜 것은 먹지 않았다. 조리가 제대로 되지 않은 것은 먹지 않았다. 제철이 아닌 것은 먹지 않았다. 적절하게 썰지 않은 것은 먹지 않았다. 그에 맞는 장이 없으면 먹지 않았다.

고기가 많아도 곡식보다 많게 하지 않았다. 오직 술은 양을 제한하지 않았으나, 취하지 않을 정도로 하였다. 시장에서 산 술과 포는 먹지 않았다. 생강을 제거하지 않고 먹었으나, 많이 먹지 않았다. 공적인 제사에 쓰인 고기는 하룻밤을 넘기지 않았다. 제사에 쓰인 고기는 사흘을 넘기지 않았다. 사흘을 넘기면 먹지 않았다. 음식을 먹을 때는 말하지 않았고, 잠잘 때는 말하지 않았다. 비록 소박한 음식과 국이라도, 과일로 제사를 지낼 때는 반드시 재계하듯이 하였다.

| **10-9** |

席不正, 不坐.

ChatGPT

자리가 바르지 않으면 앉지 않는다.

DEEPSEEK

자리가 바르지 않으면 앉지 않았다.

| 10-10 |

鄉人飲酒, 杖者出, 斯出矣. 鄉人儺, 朝服而立於阼階.

⑤ ChatGPT

마을 사람들이 술을 마실 때, 지팡이를 짚은 사람이 나가면 그제야 따라 나
간다. 마을 사람들이 나례(儺)를 행할 때는 조복朝服을 입고 동쪽 계단에 서
있다.

⌁ DEEPSEEK

고향 사람들과 술을 마실 때는 지팡이를 짚은 어른이 나가면 그제야 나갔다.
고향 사람들이 나례儺禮를 행할 때는 조복을 입고 동쪽 계단에 서 있었다.

| 10-11 |

問人於他邦, 再拜而送之. 康子饋藥, 拜而受之, 曰:"丘未達, 不敢嘗."

⑤ ChatGPT

다른 나라에서 온 사람에게 물을 때는 두 번 절하여 배웅한다.
강자가 약을 보내오자, 공자는 절하며 받고 말하였다. "제가 아직 그 효능을
알지 못하니 감히 맛보지 않겠습니다."

⌁ DEEPSEEK

다른 나라에 있는 사람에게 안부를 물을 때는 두 번 절하고 보냈다.
강자가 약을 보내자, 절하고 받았다. 그리고 말하였다. "저는 아직 그 약의
효능을 알지 못하니, 감히 맛보지 못하겠습니다."

廏焚, 子退朝, 日:"傷人乎?" 不問馬.

⑤ ChatGPT

마구간에 불이 났을 때, 공자는 조정에서 물러나며 "다친 사람이 있는가?"
라고 물었고, 말에 대해서는 묻지 않았다.

🐋 DEEPSEEK

마구간에 불이 났다. 공자가 조회에서 돌아와 말하였다. "사람이 다쳤는가?"
말에 대해서는 묻지 않았다.

君賜食, 必正席先嘗之. 君賜腥, 必熟而薦之. 君賜生, 必畜之. 侍食於
君, 君祭, 先飯. 疾, 君視之, 東首, 加朝服拖紳. 君命召, 不俟駕行矣.
入太廟, 每事問.

⑤ ChatGPT

임금이 음식을 내려주면 반드시 자리를 바르게 하고 먼저 맛본다. 임금이
날고기를 내려주면 반드시 익혀서 올린다. 임금이 생것을 내려주면 반드시
보관한다. 임금을 모시고 식사할 때, 임금이 제사를 지내면 먼저 밥을 먹는
다. 병이 났을 때 임금이 문병 오면, 동쪽을 향해 머리를 두고 조복朝服을 입
고 띠를 늘어뜨린다. 임금이 부르면 수레를 기다리지 않고 즉시 나아간다.
태묘太廟에 들어가면, 모든 일에 대해 반드시 물어본다.

🐋 DEEPSEEK

군주가 음식을 하사하면 반드시 자리를 바르게 하고 먼저 맛보았다. 군주가
생선이나 고기를 하사하면 반드시 익혀서 제사에 올렸다. 군주가 살아있는

동물을 하사하면 반드시 길렀다. 군주와 함께 식사를 할 때, 군주가 제사를 지내면 먼저 밥을 먹었다. 병이 났을 때 군주가 문병 오면 머리를 동쪽으로 두고 조복을 걸치고 대님을 늘어뜨렸다. 군주가 부르면 마차가 준비되기를 기다리지 않고 바로 갔다. 태묘에 들어가면 매사에 질문하였다.

| 10-14 |

朋友死, 無所歸, 曰:"於我殯." 朋友之饋, 雖車馬, 非祭肉, 不拜.

⑤ ChatGPT
벗이 죽었으나 의탁할 곳이 없으면, "나에게서 빈소를 치르라."라고 말한다. 벗이 물건을 보내오면, 그것이 수레나 말이라 할지라도 제사용 고기가 아니면 절하지 않는다.

⚓ DEEPSEEK
친구가 죽어서 돌아갈 곳이 없으면, 말했다. "내가 장례를 치르겠다."
친구가 선물을 주어도, 비록 수레나 말이라도 제사용 고기가 아니면 절하지 않았다.

| 10-15 |

寢不尸, 居不容, 見齊衰者, 雖狎, 必變;見冕者與瞽者, 雖褻, 必以貌. 凶服者, 式之, 式負版者. 有盛饌, 必變色而作. 迅雷風烈, 必變.

⑤ ChatGPT
잠잘 때는 시체처럼 뻣뻣하게 눕지 않으며, 거처할 때는 지나치게 공손한 태도를 취하지 않는다. 자최복을 입은 사람을 보면, 비록 가까운 사이라도 반드시 태도를 바꾼다. 면류관을 쓴 사람이나 장님을 만나면, 비록 편한 자리라 하더라도 반드시 예를 갖춘 태도를 보인다. 상복을 입은 사람을 만나면 절을 하며, 판版(문서나 명령서)을 짊어진 자에게도 절한다. 훌륭한 음식을 대하면 반드시 얼굴빛을 바꾸고 일어나며, 천둥이 크게 치거나 바람이 거세게 불면 반드시 태도를 바꾼다.

DEEPSEEK

잘 때는 시체처럼 똑바로 누워 있지 않았고, 평소에 집에서 편히 있을 때도 단정하지 않은 모습을 보이지 않았다. 상복을 입은 사람을 보면 비록 친한 사이일지라도 반드시 태도를 바꾸었고, 면류관을 쓴 사람이나 눈이 먼 사람을 보면 비록 가까운 사이일지라도 반드시 예의를 갖추어 대했다. 상복을 입은 사람을 보면 수레에서 몸을 굽혀 경의를 표했고, 문서를 지고 가는 사람을 보아도 마찬가지로 몸을 굽혀 존중했다. 풍성한 음식이 차려지면 반드시 얼굴빛을 바꾸고 일어나 예를 표했다. 천둥이 치거나 바람이 세게 불면 반드시 태도를 바꾸었다.

| 10-16 |

升車, 必正立執綏. 車中, 不內顧, 不疾言, 不親指.

ChatGPT

수레에 오를 때는 반드시 똑바로 서서 가죽 끈을 잡는다. 수레 안에서는 뒤를 돌아보지 않으며, 빠르게 말하지 않고, 손가락질하지 않는다.

DEEPSEEK

수레에 오를 때는 반드시 바르게 서서 끈을 잡았다. 수레 안에서는 안을 돌아보지 않았고, 빠르게 말하지 않으며, 손가락으로 가리키지 않았다.

色斯擧矣, 翔而後集. 曰："山梁雌雉, 時哉! 時哉!" 子路共之, 三嗅
而作.

ChatGPT

새가 빛을 보고 날아오르며, 하늘을 난 뒤에야 내려앉았다.

공자가 말하였다. "산마루에 있는 암꿩이여, 때이로다! 때이로다!"

자로가 함께 음식을 올리자, 공자는 세 번 냄새를 맡고서 자리에서 일어났다.

DEEPSEEK

새가 날아오르더니 날아다니다가 뒤에 모였다.

공자가 말하였다. "산 다리의 암탉이여, 때가 좋도다, 때가 좋도다!"

자로가 그것을 공경히 받들자, 공자는 세 번 킁킁대고는 일어났다.

11. 선진先進

| 11-1 |

子曰:"先進於禮樂, 野人也;後進於禮樂, 君子也. 如用之, 則吾從先進."

⑨ ChatGPT

공자가 말하였다. "예악禮樂에 먼저 나아간 자들은 순박한 사람들이고, 예악에 나중에 나아간 자들은 군자들이다. 예악을 시행해야 한다면, 나는 먼저 나아간 자들을 따를 것이다."

◆ DEEPSEEK

공자가 말하였다. "예악禮樂에 먼저 나아간 자는 야인野人이고, 뒤에 나아간 자는 군자이다. 그러나 그것을 쓴다면 나는 먼저 나아간 자를 따르겠다."

| 11-2 |

子曰:"從我於陳·蔡者, 皆不及門也." 德行:顏淵·閔子騫·冉伯牛·仲弓. 言語:宰我·子貢. 政事:冉有·季路. 文學:子游·子夏.

⑨ ChatGPT

공자가 말하였다. "진陳과 채蔡에서 나를 따랐던 사람들은 모두 나의 문하에 제대로 들어오지 못하였다."

덕행이 뛰어난 제자로는 안연, 민자건, 염백우, 중궁이 있었다. 언변이 뛰어난 제자로는 재아와 자공이 있었다. 정치와 행정에 능한 제자로는 염유와

11. 선진先進 · 155

계로가 있었다. 문학에 뛰어난 제자로는 자유와 자하가 있었다.

☁ DEEPSEEK

공자가 말하였다. "진陳과 채蔡에서 나를 따랐던 자들은 모두 문하에 이르지
못했다."

덕행에는 안연·민자건·염백우·중궁이 있고, 언어에는 재아·자공이 있고,
정사에는 염유·계로가 있고, 문학에는 자유·자하가 있다.

| 11-3 |

子曰:"回也非助我者也. 於吾言, 無所不說."

---

⑤ ChatGPT

공자가 말하였다. "안회는 나를 돕는 사람이 아니다. 내 말을 들으면, 어떤
말이든 기꺼이 받아들이기 때문이다."

☁ DEEPSEEK

공자가 말하였다. "회回는 나를 도와주는 자가 아니다. 내 말에 대해 기뻐하
지 않는 바가 없으니."

| 11-4 |

子曰:"孝哉! 閔子騫. 人不間於其父母昆弟之言."

---

⑤ ChatGPT

공자가 말하였다. "효성스럽구나! 민자건은. 사람들이 그의 부모나 형제의
말에 대해 의심을 품지 않는다."

DEEPSEEK

공자가 말하였다. "효도로구나! 민자건이여. 사람들이 그 부모와 형제에 대한 말에 이의를 제기하지 않는다."

| 11-5 |

南容三復白圭, 孔子以其兄之子妻之.

ChatGPT

남용은 백규白圭 시를 세 번 읊조렸다. 공자는 그를 높이 평가하여 형의 딸을 그에게 시집보냈다.

DEEPSEEK

남용이 백규白圭를 세 번 되풀이하여 읽자, 공자는 그의 형의 딸을 그에게 시집보냈다.

| 11-6 |

季康子問:"弟子孰爲好學?" 孔子對曰:"有顔回者好學, 不幸短命死矣, 今也則亡."

ChatGPT

계강자가 물었다. "제자들 중에서 누가 가장 배움을 좋아합니까?"
공자가 대답하였다. "옛날에 안회라는 자가 있었는데, 그는 학문을 매우 좋아하였소. 그러나 불행하게도 요절하고 말았소. 이제는 그런 사람조차 없구려."

DEEPSEEK

계강자가 물었다. "제자 중 누가 학문을 좋아합니까?"

공자가 대답하였다. "안회라는 자가 학문을 좋아했으나 불행히도 짧은 목숨으로 죽었으니, 이제는 없습니다."

11-7

顏淵死, 顏路請子之車, 以爲之槨. 子曰:"才不才, 亦各言其子也. 鯉也死, 有棺而無槨. 吾不徒行, 以爲之槨, 以吾從大夫之後, 不可徒行也."

⑤ ChatGPT

안연이 죽자, 그의 아버지 안로가 공자의 수레를 팔아 곽槨을 마련해주기를 요청하였다.

그러자 공자가 말하였다. "사람이 재능이 있든 없든, 모두 자기 자식에 대해 말하는 법이지. 내 아들 이鯉가 죽었을 때도 관棺은 있었지만 곽은 없었소. 나는 도보徒步로 다니면서까지 곽을 마련해주지는 않았소. 이는 내가 대부 뒤를 따라야 하는 신분이라, 걸어서 다닐 수 없었기 때문이오."

⊗ DEEPSEEK

안연이 죽자, 안로(안연의 아버지)가 공자의 수레를 요구하여 안연의 외관(槨)을 만들고자 하였다.

공자가 말하였다. "재주가 있든 없든, 각자 자기 자식을 말하는 것이다. 내 아들 이鯉가 죽었을 때에도 관棺은 있었지만 외관은 없었다. 나는 걸어 다니며 외관을 만들지 않았다. 내가 대부의 뒤를 이어온 자리에서 걸어 다닐 수는 없기 때문이다."

11-8

顔淵死, 子曰:"噫! 天喪予! 天喪予!"

ChatGPT

안연이 죽자, 공자가 말하였다. "아! 하늘이 나를 버렸구나! 하늘이 나를 버렸구나!"

DEEPSEEK

안연이 죽자, 공자가 말하였다. "아! 하늘이 나를 버리셨구나! 하늘이 나를 버리셨구나!"

11-9

顔淵死, 子哭之慟. 從者曰:"子慟矣." 曰:"有慟乎? 非夫人之爲慟而誰爲?"

ChatGPT

안연이 죽자, 공자는 몹시 슬퍼하며 통곡하였다.

이를 본 제자들이 말하였다. "선생님께서 너무 슬퍼하십니다."

공자가 대답하였다. "너무 슬퍼한다고? 만약 저 사람을 위해 슬퍼하지 않는다면, 도대체 누구를 위해 슬퍼한단 말이냐?"

DEEPSEEK

안연이 죽자, 공자가 크게 울부짖었다.

따르는 자들이 말하였다. "선생님은 너무 슬퍼하십니다."

공자가 말하였다. "내가 슬퍼하는가? 그 사람을 위해 슬퍼하지 않고 누구를 위해 슬퍼하겠는가?"

顔淵死, 門人欲厚葬之. 子曰:"不可." 門人厚葬之. 子曰:"回也視予猶
父也, 予不得視猶子也. 非我也, 夫二三子也."

⑤ ChatGPT

안연이 죽자, 문인들이 그를 후하게 장사 지내고자 하였다.

그러자 공자가 말하였다. "그렇게 해서는 안 된다."

그러나 문인들은 결국 안연을 후하게 장사 지냈다.

이를 보고 공자가 말하였다. "회回는 나를 아버지처럼 여기며 따랐으나, 나
는 그를 자식처럼 대해주지 못했구나. 그러나 이는 내 뜻이 아니라, 너희들
이 한 일이다."

🐋 DEEPSEEK

안연이 죽자, 문인들이 후장厚葬하려 하였다.

공자가 말하였다. "안 된다."

그러나 문인들은 후장하였다.

공자가 말하였다. "회回는 나를 아버지처럼 여겼으나, 나는 그를 아들처럼
여기지 못했다. 이는 나 때문이 아니라, 저 몇몇 제자들 때문이다."

季路問事鬼神. 子曰:"未能事人, 焉能事鬼?" "敢問死." 曰:"未知生,
焉知死?"

⑤ ChatGPT

자로가 귀신을 섬기는 것에 대해 물었다.

공자가 말하였다. "아직 사람을 제대로 섬기지도 못하면서, 어찌 귀신을 섬

기겠는가?"

자로가 다시 물었다. "감히 죽음에 대해 여쭙겠습니다."

공자가 말하였다. "아직 삶을 알지도 못하면서, 어찌 죽음을 알겠는가?"

🐋 DEEPSEEK

계로가 귀신을 섬기는 일에 대해 물었다.

공자가 말하였다. "아직 사람을 섬기는 것도 못했는데, 어떻게 귀신을 섬길 수 있겠는가?"

계로가 물었다. "감히 죽음에 대해 묻겠습니다."

공자가 말하였다. "아직 삶을 알지 못하는데, 어떻게 죽음을 알겠는가?"

| 11-12 |

閔子侍側, 誾誾如也;子路, 行行如也;冉有·子貢, 侃侃如也, 子樂.
"若由也, 不得其死然."

⑤ ChatGPT

민자건은 공자를 곁에서 모실 때 공손하고 온화하게 행동하였고, 자로는 결단력 있고 강직하게 행동하였으며, 염유와 자공은 태도가 활달하고 거리낌이 없었다. 공자는 이를 보고 기뻐하였다.

그러나 이어서 말하였다. "유由(자로)는 아마도 제대로 된 죽음을 맞이하지 못할 것이다."

🐋 DEEPSEEK

민자가 곁에서 모실 때는 온화하고 조용했고, 자로는 강직하고 당당했으며, 염유와 자공은 유쾌하고 활발했다.

공자가 기뻐하며 말하였다. "유由(자로)와 같은 자는 제대로 죽지 못할 것이다."

魯人爲長府. 閔子騫曰:"仍舊貫, 如之何? 何必改作?" 子曰:"夫人不言, 言必有中."

⑥ ChatGPT

노魯나라 사람들이 장부長府를 새로 짓고자 하였다.

그러자 민자건이 말하였다. "예전 제도를 그대로 따르는 것이 어떻겠습니까? 왜 굳이 새롭게 다시 지으려 하십니까?"

이를 들은 공자가 말하였다. "저 사람(민자건)은 함부로 말을 하지 않으나, 한 번 말을 하면 반드시 이치에 맞는구나."

⑥ DEEPSEEK

노魯나라 사람들이 장부長府를 고치려 하였다.

민자건이 말하였다. "옛날 제도를 그대로 유지한다면 어떻겠는가? 어째서 반드시 고쳐야 하는가?"

공자가 말하였다. "그 사람은 말을 잘 하지 않지만, 말을 하면 반드시 요점을 찌른다."

子曰:"由之瑟, 奚爲於丘之門?" 門人不敬子路. 子曰:"由也升堂矣, 未入於室也."

⑥ ChatGPT

공자가 말하였다. "자로(由)의 거문고 소리가 어찌 나(丘)의 문 앞에서 들릴 수 있단 말인가?"

이 말을 들은 문인들은 자로를 가볍게 여기고 공경하지 않았다.

그러자 공자가 말하였다. "자로는 이미 당堂에 올라섰으나, 아직 방(室) 안에는 들어서지 못한 것이다."

DEEPSEEK

공자가 말하였다. "유由의 슬瑟 소리가 어찌 내 문에서 나오는가?"

문인들이 자로를 공경하지 않았다.

공자가 말하였다. "유는 이미 대청大廳에 올랐으나, 아직 방房에는 들어가지 못했다."

| 11-15 |

子貢問:"師與商也孰賢?"子曰:"師也過, 商也不及." 曰:"然則師愈與?"子曰:"過猶不及."

ChatGPT

자공이 물었다. "사師(자장)와 상商(자하) 중에서 누가 더 현명합니까?"

공자가 대답하였다. "사는 지나치고, 상은 미치지 못한다."

자공이 다시 물었다. "그렇다면 사가 더 나은 것입니까?"

공자가 말하였다. "지나친 것도 미치지 못한 것과 같을 뿐이다."

DEEPSEEK

자공이 물었다. "사師와 상商 중 누가 더 현명합니까?"

공자가 말하였다. "사는 지나치고, 상은 미치지 못한다."

자공이 말하였다. "그렇다면 사가 더 낫습니까?"

공자가 말하였다. "지나침은 미치지 못함과 같다."

季氏富於周公, 而求也爲之聚斂而附益之. 子曰:"非吾徒也. 小子! 鳴鼓而攻之, 可也."

⑤ ChatGPT

계씨는 주공보다 더 부유하였는데, 구求(염유)가 그를 위해 세금을 거두어 재산을 더욱 불려주었다.
이를 들은 공자가 말하였다. "그는 내 제자가 아니다. 제자들아! 북을 울리며 그를 비판해도 좋을 것이다."

⑭ DEEPSEEK

계씨가 주공보다도 부유한데, 염구冉求가 그를 위해 세금을 더 거두어 부를 늘려주고 있었다.
공자가 말하였다. "그는 내 제자가 아니다. 젊은이들아! 북을 치며 그를 공격해도 좋다."

柴也愚, 參也魯, 師也辟, 由也喭.

⑤ ChatGPT

시柴는 어리석고, 삼參은 우직하며, 사師는 편벽되고, 유由는 거칠다.

⑭ DEEPSEEK

시柴는 어리석고, 삼參은 둔하며, 사師는 편벽되고, 유由는 거칠다.

子曰:"回也其庶乎, 屢空. 賜不受命, 而貨殖焉, 億則屢中."

ChatGPT

공자가 말하였다. "회回는 거의 도道에 가까웠으나, 자주 가난에 시달렸구나. 사賜는 천명天命을 따르려 하지 않고 재산을 불리는 데 힘썼으며, 그의 계산은 번번이 맞아떨어졌다."

DEEPSEEK

공자가 말하였다. "회回는 거의 완벽하나 자주 가난하다. 사賜는 명령을 받지 않고도 재물을 늘리며, 추측하면 자주 맞는다."

子張問善人之道. 子曰:"不踐迹, 亦不入於室."

ChatGPT

자장이 선한 사람의 길에 대해 물었다.

공자가 말하였다. "앞선 사람의 발자취를 따라 걷지 않으면, 마침내 방 안으로 들어갈 수 없다."

DEEPSEEK

자장이 선인善人의 도에 대해 물었다.

공자가 말하였다. "남의 자취를 밟지 않더라도 방에 들어가지 못할 것이다."

子曰: "論篤是與, 君子者乎? 色莊者乎?"

🌀 ChatGPT

공자가 말하였다. "논의에 있어 진지하고 정성을 다하는 것이, 군자의 태도인가? 아니면 단지 외형적으로 근엄한 사람의 태도인가?"

🐋 DEEPSEEK

공자가 말하였다. "논의가 독실하다고 해서 군자인가? 얼굴이 근엄한 자인가?"

子路問: "聞斯行諸?" 子曰: "有父兄在, 如之何其聞斯行之?" 冉有問: "聞斯行諸?" 子曰: "聞斯行之." 公西華曰: "由也問'聞斯行諸', 子曰'有父兄在'; 求也問'聞斯行諸', 子曰'聞斯行之'. 赤也惑, 敢問." 子曰: "求也退, 故進之; 由也兼人, 故退之."

🌀 ChatGPT

자로가 물었다. "어떤 것을 들으면 곧바로 실천해야 합니까?"

공자가 대답하였다. "아버지와 형이 살아 계신데, 어찌 그것을 듣자마자 바로 실천할 수 있겠느냐?"

염유冉有도 같은 질문을 하였다. "어떤 것을 들으면 곧바로 실천해야 합니까?"

공자가 대답하였다. "들으면 곧 실천해야 한다."

이 말을 들은 공서화가 공자에게 물었다. "유由(자로)가 '어떤 것을 들으면 곧바로 실천해야합니까?'라고 물었을 때 선생님께서는 '아버지와 형이 계시니 함부로 행동할 수 없다.'고 하셨습니다. 그런데 구求(염유)가 같은 질문을 하였을 때는 '들으면 곧 실천해야 한다.'고 하셨습니다. 저는 이 차이를 이해하기 어렵습니다. 감히 여쭙겠습니다."

공자가 말하였다. "구는 소극적인 성향이 있어, 나는 그를 독려하기 위해 앞으로 나아가게 한 것이다. 반면 유는 지나치게 앞서 나가는 성향이 있으므로, 나는 그를 자제시키려 한 것이다."

◆ DEEPSEEK

자로가 물었다. "들을 때마다 행해야 합니까?"

공자가 말하였다. "아버지와 형이 계시는데, 어떻게 들을 때마다 행할 수 있겠는가?"

염유가 물었다. "들을 때마다 행해야 합니까?"

공자가 말하였다. "들을 때마다 행하라."

공서화가 말하였다. "유由가 '들을 때마다 행해야 합니까?'라고 물었을 때, 선생님은 '아버지와 형이 계시다.'고 하셨고, 구求가 같은 질문을 했을 때는 '들을 때마다 행하라.'고 하셨습니다. 적赤이 혼란스럽습니다. 감히 묻습니다."

공자가 말하였다. "구는 물러서는 성격이므로 앞으로 나아가게 하고, 유는 남보다 뛰어나므로 물러나게 한 것이다."

| 11-22 |

子畏於匡, 顔淵後. 子曰: "吾以女爲死矣." 曰: "子在, 回何敢死?"

⑤ ChatGPT

공자가 광匡에서 위기를 겪었을 때, 안연이 뒤처졌다.

공자가 말하였다. "나는 네가 죽은 줄 알았구나."

그러자 안연이 대답하였다. "선생님께서 살아 계신데, 제가 어찌 감히 죽을 수 있겠습니까?"

DEEPSEEK

공자가 광匡에서 위험에 처하였을 때, 안연이 뒤에 있었다.

공자가 말하였다. "나는 네가 죽은 줄 알았다."

안연이 말하였다. "선생님이 계시는데, 회回가 어찌 감히 죽겠습니까?"

| 11-23 |

季子然問:"仲由·冉求可謂大臣與?" 子曰:"吾以子爲異之問, 曾由與求之問. 所謂大臣者, 以道事君, 不可則止. 今由與求也, 可謂具臣矣." 曰:"然則從之者與?" 子曰:"弒父與君, 亦不從也."

ChatGPT

계자연이 공자에게 물었다. "중유仲由(자로)와 염구冉求(염유)를 대신大臣이라 할 수 있겠습니까?"

공자가 대답하였다. "나는 그대가 색다른 질문을 할 줄 알았더니, 또다시 유由와 구求에 대해 묻는구려. 참된 대신이란 도道로써 임금을 섬기며, 도리에 맞지 않으면 그만두는 사람을 말한다. 그런데 지금의 유와 구는 구신具臣이라 할 만하다."

계자연이 다시 물었다. "그렇다면 임금의 명을 무조건 따라야 합니까?"

공자가 말하였다. "설령 아버지를 시해하거나 임금을 시해하는 일이 있더라도, 그런 일은 따를 수 없는 것이다."

DEEPSEEK

계자연이 물었다. "중유仲由와 염구冉求를 대신大臣이라 할 수 있습니까?"

공자가 말하였다. "나는 네가 다른 것을 묻는 줄 알았는데, 유由와 구求에 대해 묻는구나. 이른바 대신이란 도道로써 군주를 섬기고, 불가하면 그만두는 자이다. 지금 유와 구는 구신具臣이라 할 수 있다."

계자연이 말하였다. "그렇다면 그들을 따르는 자들입니까?"

공자가 말하였다. "아버지와 군주를 죽이는 일에도 따르지 않을 것이다."

| 11-24 |

子路使子羔爲費宰. 子曰："賊夫人之子." 子路曰："有民人焉, 有社稷焉, 何必讀書, 然後爲學?" 子曰："是故惡夫佞者."

⑤ ChatGPT

자로가 자고를 비費 지역의 지방관으로 임명하였다.

이를 들은 공자가 말하였다. "저 사람의 아들을 망치는구나."

그러자 자로가 말하였다. "그곳에는 백성도 있고, 사직社稷도 있습니다. 꼭 책을 읽어야만 배움이 된단 말입니까?"

공자가 말하였다. "그래서 내가 말 잘하는 사람을 싫어하는 것이다."

❤ DEEPSEEK

자로가 자고를 비費의 재상으로 삼으려 하였다.

공자가 말하였다. "그 사람의 자식을 해치는구나."

자로가 말하였다. "백성이 있고, 사직社稷이 있는데, 어째서 반드시 책을 읽은 후에야 학문을 한다고 하십니까?"

공자가 말하였다. "그래서 나는 말재주 있는 자를 싫어한다."

| 11-25 |

子路·曾皙·冉有·公西華侍坐. 子曰："以吾一日長乎爾, 毋吾以也. 居則曰：'不吾知也.' 如或知爾, 則何以哉?" 子路率爾而對曰："千乘之國攝乎大國之間, 加之以師旅, 因之以饑饉, 由也爲之, 比及三年, 可使有勇, 且知方也." 夫子哂之. "求! 爾何如?" 對曰: "方六七十如五六十, 求也爲之, 比及三年, 可使足民, 如其禮樂, 以俟君子." "赤! 爾何如?" 對曰: "非曰能之, 願學焉, 宗廟之事如會同, 端章甫, 願爲小相焉." "點! 爾何如?" 鼓瑟希, 鏗爾舍瑟而作, 對曰: "異乎三子者之撰." 子曰: "何傷乎? 亦各言其志也." 曰: "莫春者, 春服旣成, 冠者五六人·童子六七人, 浴乎沂, 風乎舞雩, 詠而歸." 夫子喟然嘆曰: "吾與點也." 三子者出, 曾晳後, 曾晳曰: "夫三子者之言何如?" 子曰: "亦各言其志也已矣." 曰: "夫子何哂由也?" 曰: "爲國以禮, 其言不讓, 是故哂之." "唯求則非邦也與?" "安見方六七十如五六十而非邦也者?" "唯赤則非邦也與?" "宗廟會同非諸侯而何? 赤也爲之小, 孰能爲之大?"

🟢 **ChatGPT**

자로, 증석, 염유, 공서화가 공자를 모시고 앉아 있었다.

공자가 말하였다. "내가 너희보다 하루라도 더 나이가 많다고 해서 나를 특별히 여기지 말라. 평소에 너희는 '아무도 나를 알아주지 않는다.'고 말하는데, 만약 누군가가 너희를 알아보고 등용한다면, 무엇을 하겠느냐?"

자로가 성급하게 대답하였다. "천승千乘의 나라가 강대국들 사이에 끼어 있고, 군대의 위협을 받으며, 기근이 닥친다면, 제가 그 나라를 다스리겠습니다. 삼 년이 지나면, 백성들이 용기를 갖고 바른 도리를 알게 할 수 있을 것입니다."

공자는 빙그레 웃었다.

"구求(염유)는 어떻게 하겠느냐?"

염유가 대답하였다. "영토가 육칠십 리나 오륙십 리 되는 나라를 다스릴 수 있다면, 삼 년 안에 백성을 부유하게 만들 수 있을 것입니다. 그러나 예악禮樂에 관한 일은 군자의 도움을 기다려야 합니다."

"적赤(공서화)은 어떻게 하겠느냐?"

공서화가 대답하였다. "제가 그것을 잘할 수 있다고는 말하지 못하겠습니다. 다만 배우고 싶을 뿐입니다. 종묘의 제사나 제후들의 회맹會盟 같은 행사에서, 단정한 관복과 갓을 갖추고 작은 직책을 맡아 일하고 싶습니다."

"점點(증석)은 어떻게 하겠느냐?"

증석은 거문고를 천천히 타다가, 맑은 소리를 내며 거문고를 내려놓고 일어나 대답하였다. "저는 앞의 세 사람과는 생각이 다릅니다."

공자가 말하였다. "그게 무슨 상관이겠느냐? 각자 자신의 뜻을 말하는 것일 뿐이다."

증석이 말하였다. "봄이 무르익어 봄옷을 갖춰 입은 때, 어른 다섯 여섯 명, 아이 여섯 일곱 명과 함께 기수沂水에서 목욕하고, 무우舞雩에서 바람을 쐰 뒤, 시를 읊으며 돌아가고 싶습니다."

공자는 감탄하며 탄식하였다. "나는 점과 함께하고 싶구나!"

세 사람이 나간 뒤, 증석이 뒤에 남아 공자에게 물었다. "방금 세 사람이 한 말에 대해 어떻게 생각하십니까?"

공자가 대답하였다. "각자 자기 뜻을 말한 것일 뿐이다."

증석이 다시 물었다. "그러나 선생님께서는 왜 자로의 말에 웃으셨습니까?"

공자가 말하였다. "나라를 다스리는 데는 예禮가 기본이 되어야 한다. 그런데도 자로는 너무도 자신만만하게 말하니, 그래서 웃었던 것이다."

증석이 다시 물었다. "그러면 염유는 나라를 다스릴 수 없는 사람입니까?"

공자가 대답하였다. "육칠십 리나 오륙십 리 되는 나라를 다스리는 것이 어찌 나라를 다스리는 것이 아니겠느냐?"

"그러면 공서화는 나라를 다스릴 사람이 아니겠습니까?"

공자가 말하였다. "종묘의 제사와 회맹 같은 행사는 제후들이 주관하는 것이 아니겠느냐? 공서화가 작은 일을 맡는다면, 누가 큰 일을 맡을 수 있겠느냐?"

자로, 증석, 염유, 공서화가 공자를 모시고 앉아 있었다.

공자가 말하였다. "내가 너희보다 하루 먼저 태어났을 뿐이니, 나 때문에 망설이지 말라. 평소에 너희는 말하곤 했다. '우리를 알아주지 않는다.'고. 만약 누군가 너희를 알아준다면, 너희는 어떻게 하겠는가?"

자로가 급히 대답하였다. "천 대의 병거를 가진 나라가 큰 나라 사이에 끼어 있고, 군대의 침략과 기근까지 겹친다 해도, 제가 그 나라를 다스린다면 삼 년 안에 백성들이 용감해지고 방향을 알게 할 수 있습니다."

공자는 그 말을 들으며 미소 지었다.

공자가 물었다. "구(염유)! 너는 어떻게 하겠는가?"

염유가 대답하였다. "육칠십 리나 오륙십 리 되는 땅을 다스린다면, 삼 년 안에 백성들을 풍족하게 할 수 있습니다. 그러나 예악禮樂에 대해서는 군자를 기다려야 할 것입니다."

공자가 물었다. "적(공서화)! 너는 어떻게 하겠는가?"

공서화가 대답하였다. "제가 능력이 있다고 말할 수는 없지만, 배우고 싶습니다. 종묘의 일이나 회동會同 같은 일에서 단정한 옷을 입고 작은 상相이 되고 싶습니다."

공자가 물었다. "점(증석)! 너는 어떻게 하겠는가?"

증석이 거문고를 타다가 소리를 멈추고 일어나서 대답하였다. "저는 세 사람과는 다른 생각을 가지고 있습니다."

공자가 말하였다. "무슨 상관이 있겠는가? 각자 자신의 뜻을 말하는 것일 뿐이다."

증석이 말하였다. "늦은 봄, 봄옷을 다 입고, 성인 다섯 여섯 명과 어린이 여섯 일곱 명이 기수沂水에서 목욕하고, 무우舞雩에서 바람을 쐬며 노래를 부르고 돌아오는 것입니다."

공자가 깊이 탄식하며 말하였다. "나는 점(증석)과 뜻을 함께한다."

세 사람이 나간 뒤, 증석이 남아서 물었다. "세 사람의 말은 어떻습니까?"

공자가 말하였다. "각자 자신의 뜻을 말했을 뿐이다."

증석이 물었다. "선생님은 왜 자로를 비웃으셨습니까?"

공자가 말하였다. "나라를 다스리는 데는 예禮가 필요하지만, 그의 말은 겸손하지 못했기 때문에 비웃은 것이다."

증석이 물었다. "그렇다면 염유는 나라를 다스리는 것이 아닙니까?"

공자가 말하였다. "육칠십 리나 오륙십 리 되는 땅이 어떻게 나라가 아니겠는가?"

증석이 물었다. "그렇다면 공서화는 나라를 다스리는 것이 아닙니까?"

공자가 말하였다. "종묘와 회동이 제후의 일이 아니고 무엇이겠는가? 공서화가 작은 일을 한다면, 누가 큰 일을 하겠는가?"

12. 안연顏淵

12-1

顏淵問仁. 子曰:"克己復禮爲仁. 一日克己復禮, 天下歸仁焉. 爲仁由己, 而由人乎哉?" 顏淵曰:"請問其目." 子曰:"非禮勿視, 非禮勿聽, 非禮勿言, 非禮勿動." 顏淵曰:"回雖不敏, 請事斯語矣."

⑤ ChatGPT

안연이 인仁에 대해 물었다.

공자가 말하였다. "자신을 이기고 예禮로 돌아가는 것이 인이다. 하루라도 자신을 이기고 예로 돌아간다면, 천하가 모두 인으로 돌아올 것이다. 인을 실천하는 것은 자신에게 달려 있는 것이지, 남에게 달려 있는 것이겠느냐?"

안연이 다시 물었다. "그 구체적인 실천 방법을 알고 싶습니다."

공자가 말하였다. "예가 아니면 보지 말고, 예가 아니면 듣지 말며, 예가 아니면 말하지 말고, 예가 아니면 행동하지 말라."

안연이 말하였다. "제가 비록 총명하지 못하지만, 이 말씀을 마음에 새겨 실천하겠습니다."

⟐ DEEPSEEK

안연이 인仁에 대해 물었다.

공자가 말하였다. "자기를 이기고 예禮를 회복하는 것이 인이다. 하루라도 자기를 이기고 예를 회복하면, 천하가 인에 돌아갈 것이다. 인을 이루는 것은 자기에게 달려 있지, 다른 사람에게 달려 있겠는가?"

안연이 말하였다. "그 구체적인 내용을 묻겠습니다."

공자가 말하였다. "예가 아니면 보지 말고, 예가 아니면 듣지 말고, 예가 아니면 말하지 말고, 예가 아니면 행동하지 말라."

안연이 말하였다. "제가 비록 민첩하지는 못하지만, 이 말씀을 실천하겠습니다."

12-2

仲弓問仁. 子曰:"出門如見大賓, 使民如承大祭, 己所不欲, 勿施於人, 在邦無怨, 在家無怨." 仲弓曰:"雍雖不敏, 請事斯語矣."

ChatGPT

중궁이 인仁에 대해 물었다.

공자가 말하였다. "문을 나설 때는 마치 귀한 손님을 대하는 것처럼 하고, 백성을 부릴 때는 마치 큰 제사를 받드는 것처럼 하며, 자신이 원하지 않는 것은 남에게 베풀지 말라. 나라에서 원망받지 않고, 집안에서 원망받지 않는다면, 그것이 곧 인이다."

중궁이 말하였다. "제가 비록 총명하지 못하지만, 이 말씀을 마음에 새겨 실천하겠습니다."

DEEPSEEK

중궁이 인仁에 대해 물었다.

공자가 말하였다. "문을 나설 때는 큰 손님을 만나는 것처럼 하고, 백성을 부릴 때는 큰 제사를 받드는 것처럼 하라. 자기가 원하지 않는 바를 남에게 베풀지 말라. 나라에서 원망이 없고, 집에서도 원망이 없게 하라."

중궁이 말하였다. "제가 비록 민첩하지는 못하지만, 이 말씀을 실천하겠습니다."

司馬牛問仁. 子曰:"仁者, 其言也訒." 曰:"其言也訒, 斯謂之仁矣乎?"
子曰:"爲之難, 言之得無訒乎?"

⑤ ChatGPT

사마우가 인仁에 대해 물었다.

공자가 말하였다. "어진 사람은 말이 조심스럽고 신중하다."

사마우가 다시 물었다. "말이 신중하다고 해서 그것만으로 인仁하다고 할 수
있습니까?"

공자가 말하였다. "실천하기가 어려운 일이니, 어찌 말을 신중하게 하지 않
을 수 있겠느냐?"

❤ DEEPSEEK

사마우가 인仁에 대해 물었다.

공자가 말하였다. "인자仁者는 말을 조심스럽게 한다."

사마우가 말하였다. "말을 조심스럽게 하는 것만으로도 인이라고 할 수 있
습니까?"

공자가 말하였다. "행하기 어려운 일이니, 말을 조심스럽게 하지 않을 수 있
겠느냐?"

司馬牛問君子. 子曰:"君子不憂不懼." 曰:"不憂不懼, 斯謂之君子矣
乎?" 子曰:"內省不疚, 夫何憂何懼?"

⑤ ChatGPT

사마우가 군자君子에 대해 물었다.

공자가 말하였다. "군자는 근심하지도, 두려워하지도 않는다."

사마우가 다시 물었다. "근심도 없고 두려움도 없다면, 그것만으로 군자라 할 수 있습니까?"

공자가 말하였다. "스스로를 돌이켜보아 마음에 부끄러움이 없다면, 무엇을 근심하고 무엇을 두려워하겠느냐?"

DEEPSEEK

사마우가 군자에 대해 물었다.

공자가 말하였다. "군자는 근심하지 않고 두려워하지 않는다."

사마우가 말하였다. "근심하지 않고 두려워하지 않는 것만으로도 군자라고 할 수 있습니까?"

공자가 말하였다. "마음속으로 살펴보아 죄책감이 없다면, 무엇을 근심하고 무엇을 두려워하겠느냐?"

| 12-5 |

司馬牛憂曰 : "人皆有兄弟, 我獨亡." 子夏曰 : "商聞之矣 : '死生有命, 富貴在天.' 君子敬而無失, 與人恭而有禮, 四海之內, 皆兄弟也, 君子何患乎無兄弟也?"

⑤ ChatGPT

사마우가 걱정하며 말하였다. "다른 사람들에게는 모두 형제가 있는데, 나만 홀로 형제가 없습니다."

그러자 자하가 말하였다. "제가 들은 바에 따르면, '삶과 죽음은 운명에 달려 있고, 부귀는 하늘에 달려 있다.'고 하였습니다. 군자는 몸가짐을 삼가고 허물이 없으며, 사람을 대할 때 공손하고 예의를 갖춥니다. 그러면 천하 사해四海 안에 있는 사람들이 모두 형제가 될 것입니다. 군자가 어찌 형제가 없음을 걱정하겠습니까?"

DEEPSEEK

사마우가 근심하며 말하였다. "다른 사람들은 모두 형제가 있는데, 나만 없구나."

자하가 말하였다. "제가 들은 바에 의하면, '죽고 사는 것은 명에 달려 있고, 부귀는 하늘에 달려 있다.'고 합니다. 군자는 공경하여 실수가 없고, 사람들에게 공손하고 예의를 지킵니다. 사해 안의 모든 사람이 형제입니다. 군자가 어찌 형제가 없음을 근심하겠습니까?"

12-6

子張問明. 子曰:"浸潤之譖·膚受之愬, 不行焉, 可謂明也已矣;浸潤之譖·膚受之愬, 不行焉, 可謂遠也已矣."

ChatGPT

자장이 밝음에 대해 물었다.

공자가 말하였다. "은근히 스며드는 참소譖訴와 겉으로 듣고 그대로 받아들이는 원망을 따르지 않는다면, 그것을 밝다고 할 수 있다. 은근히 스며드는 참소와 겉으로 듣고 그대로 받아들이는 원망을 따르지 않는다면, 그것을 원대한 사람이라 할 수 있다."

DEEPSEEK

자장이 밝음에 대해 물었다.

공자가 말하였다. "스며드는 참소와 피부로 느끼는 고발이 통하지 않는다면, 밝다고 할 수 있다. 스며드는 참소와 피부로 느끼는 고발이 통하지 않는다면, 먼 곳까지 볼 수 있다고 할 수 있다."

子貢問政. 子曰:"足食, 足兵, 民信之矣." 子貢曰:"必不得已而去, 於
斯三者, 何先?" 曰:"去兵." 子貢曰:"必不得已而去, 於斯二者, 何先?"
曰:"去食. 自古皆有死, 民無信, 不立."

---

⑤ ChatGPT

자공이 정치에 대해 물었다.

공자가 말하였다. "식량을 넉넉히 하고, 군대를 충실히 하며, 백성이 믿도록
하면 된다."

자공이 다시 물었다. "부득이하게 이 세 가지 중 하나를 포기해야 한다면, 무
엇을 먼저 버려야 합니까?"

공자가 말하였다. "군대를 버려야 한다."

자공이 다시 물었다. "부득이하게 남은 두 가지 중 하나를 또 버려야 한다면,
무엇을 먼저 버려야 합니까?"

공자가 말하였다. "식량을 버려야 한다. 예로부터 사람은 누구나 죽지만, 백
성이 믿음을 잃으면 나라는 존립할 수 없다."

◆ DEEPSEEK

자공이 정치에 대해 물었다.

공자가 말하였다. "식량이 충분하고, 군비가 충분하며, 백성들이 믿음을 갖
게 하는 것이다."

자공이 말하였다. "반드시 어쩔 수 없이 하나를 버려야 한다면, 이 세 가지
중에서 무엇을 먼저 버려야 합니까?"

공자가 말하였다. "군비를 버려라."

자공이 말하였다. "반드시 어쩔 수 없이 하나를 더 버려야 한다면, 이 두 가
지 중에서 무엇을 먼저 버려야 합니까?"

공자가 말하였다. "식량을 버려라. 예로부터 죽음은 있었지만, 백성들이 믿

음이 없으면 나라가 서지 못한다."

| 12-8 |

棘子成曰:"君子質而已矣, 何以文爲?" 子貢曰:"惜乎! 夫子之說君子
也, 駟不及舌. 文猶質也, 質猶文也. 虎豹之鞹猶犬羊之鞹."

⑤ ChatGPT

극자성이 말하였다. "군자는 본바탕(質)만 있으면 되는데, 어찌 꾸밈(文)이 필
요하겠습니까?"

그러자 자공이 말하였다. "아쉽습니다! 선생님께서 군자를 말씀하신 것이
너무 경솔하시군요. 말이 이미 나가면, 네 마리 말이 끄는 수레도 따라잡을
수 없습니다. 문文은 질質과 마찬가지로 중요하고, 질質도 문文과 마찬가지
로 중요합니다. 호랑이와 표범의 가죽도 다듬지 않으면 개와 양의 가죽과
다를 바가 없습니다."

❤ DEEPSEEK

극자성이 말하였다. "군자는 본질만 있으면 되지, 어찌 문채文彩를 필요로 하
겠는가?"

자공이 말하였다. "아깝구나! 선생님의 군자에 대한 말씀이여. 말은 네 마리
말이 쫓아가지 못한다. 문채는 본질과 같고, 본질은 문채와 같다. 호랑이와
표범의 가죽을 벗기면 개와 양의 가죽과 같다."

| 12-9 |

哀公問於有若曰:"年饑, 用不足, 如之何?" 有若對曰:"盍徹乎?" 曰:

"二, 吾猶不足, 如之何其徹也?" 對曰: "百姓足, 君孰與不足? 百姓不足, 君孰與足?"

⑤ ChatGPT

애공이 유약에게 물었다. "흉년이 들어 나라의 재정이 부족한데, 어떻게 하면 좋겠는가?"

유약이 대답하였다. "왜 세금을 줄이지 않으십니까?"

애공이 말하였다. "이미 세금을 십 분의 이로 줄였지만, 그래도 부족한데, 어찌 더 줄일 수 있겠는가?"

유약이 대답하였다. "백성이 넉넉하면 군주가 어찌 부족하겠습니까? 백성이 부족하면 군주가 어찌 넉넉할 수 있겠습니까?"

🐋 DEEPSEEK

애공이 유약에게 물었다. "흉년이 들어 재정이 부족한데, 어떻게 해야 합니까?"

유약이 대답하였다. "왜 십 분의 일을 거두지 않습니까?"

애공이 말하였다. "십 분의 이도 부족한데, 어떻게 십 분의 일을 거두겠는가?"

유약이 대답하였다. "백성이 넉넉하면 임금이 어찌 부족하겠습니까? 백성이 부족하면 임금이 어찌 넉넉하겠습니까?"

| 12-10 |

子張問崇德辨惑. 子曰: "主忠信, 徙義, 崇德也. 愛之欲其生, 惡之欲其死, 旣欲其生, 又欲其死, 是惑也. '誠不以富, 亦祗以異.'"

---

⑤ ChatGPT

자장이 덕을 높이는 것과 혼란을 분별하는 것에 대해 물었다.

공자가 말하였다. "충성과 신의를 중심에 두고, 의로움을 따라 행동하는 것이 덕을 높이는 것이다. 어떤 사람을 사랑하면 그가 살기를 바라지만, 어떤 사람을 미워하면 그가 죽기를 바란다. 그런데 한편으로는 그가 살기를 바라면서, 다른 한편으로는 그가 죽기를 바란다면, 그것이 곧 혼란스러운 것이다. '참으로 부유하기 때문이 아니라, 다만 나와 다르기 때문일 뿐이다.'"

DEEPSEEK

자장이 덕을 높이고 미혹을 분별하는 방법에 대해 물었다.

공자가 말하였다. "충신忠信을 주로 하고, 의로움으로 옮겨가면 덕을 높이는 것이다. 사랑하여 그가 살기를 바라고, 미워하여 그가 죽기를 바란다. 이미 그가 살기를 바라면서 또 그가 죽기를 바라는 것은 미혹이다. '진실로 부富 때문이 아니라, 오직 마음의 변덕(異) 때문일 뿐이다.'"

| 12-11 |

齊景公問政於孔子. 孔子對曰:"君君, 臣臣, 父父, 子子." 公曰:"善哉!
信如君不君, 臣不臣, 父不父, 子不子, 雖有粟, 吾得而食諸?"

ChatGPT

제齊나라 경공이 공자에게 정치에 대해 물었다.

공자가 대답하였다. "임금은 임금답고, 신하는 신하다우며, 아버지는 아버지답고, 자식은 자식다워야 합니다."

경공이 말하였다. "참으로 좋은 말씀입니다! 만약 임금이 임금답지 못하고, 신하가 신하답지 못하며, 아버지가 아버지답지 못하고, 자식이 자식답지 못하다면, 설령 나라에 곡식이 있다 한들, 내가 그것을 먹을 수 있겠습니까?"

DEEPSEEK

제齊나라 경공이 공자에게 정치에 대해 물었다.

공자가 대답하였다. "임금은 임금답고, 신하는 신하답고, 아버지는 아버지답고, 아들은 아들다워야 합니다."

경공이 말하였다. "좋은 말씀이오! 진실로 임금이 임금답지 않고, 신하가 신하답지 않고, 아버지가 아버지답지 않고, 아들이 아들답지 않으면, 비록 곡식이 있다 하더라도 내가 어찌 먹을 수 있겠소?"

12-12

子曰:"片言, 可以折獄者, 其由也與!" 子路無宿諾.

⑤ ChatGPT

공자가 말하였다. "한마디 말로도 재판을 바로잡을 수 있는 사람은 아마도 유由(자로)일 것이다!"

자로는 하룻밤이 지나도록 약속을 미루는 일이 없었다.

✦ DEEPSEEK

공자가 말하였다. "한마디 말로 송사를 해결할 수 있는 사람은 아마도 유由(자로)일 것이다."

자로는 약속을 하룻밤도 지체하지 않았다.

12-13

子曰:"聽訟, 吾猶人也, 必也使無訟乎!"

⑤ ChatGPT

공자가 말하였다. "송사를 판결하는 일은 나도 다른 사람들과 다를 바 없다. 그러나 반드시 해야 할 일은, 애초에 송사가 일어나지 않도록 하는 것이다!"

DEEPSEEK

공자가 말하였다. "송사를 듣는 것은 나도 다른 사람과 같다. 반드시 송사가 없게 해야 한다."

| **12-14** |

子張問政. 子曰:"居之無倦, 行之以忠."

ChatGPT

자장이 정치에 대해 물었다.

공자가 말하였다. "정치를 맡게 되면 게을리하지 말고, 이를 실천할 때는 충성을 다해야 한다."

DEEPSEEK

자장이 정치에 대해 물었다.

공자가 말하였다. "자리에 있을 때 게으르지 말고, 일을 행할 때는 충성스럽게 하라."

| **12-15** |

子曰:"博學於文, 約之以禮, 亦可以弗畔矣夫!"

ChatGPT

공자가 말하였다. "문文을 널리 배우고, 예禮로 절제하면, 길을 벗어나지 않을 것이다."

DEEPSEEK

공자가 말하였다. "학문을 널리 배우고, 예禮로써 스스로를 단속한다면, 또한 도道를 배반하지 않을 수 있다!"

|12-16|

子曰:"君子成人之美, 不成人之惡. 小人反是."

ChatGPT

공자가 말하였다. "군자는 남의 좋은 일을 이루어주고, 남의 나쁜 일을 이루어주지 않는다. 소인은 이와 반대로 한다"

DEEPSEEK

공자가 말하였다. "군자는 남의 선善을 이루어주고, 남의 악惡을 이루어주지 않는다. 소인은 이와 반대이다."

|12-17|

季康子問政於孔子. 孔子對曰:"政者, 正也. 子帥以正, 孰敢不正?"

ChatGPT

계강자가 공자에게 정치에 대해 물었다.

공자가 대답하였다. "정치는 바르게 하는 것이다. 자신이 먼저 바르게 한다면, 누가 감히 바르지 않겠는가?"

DEEPSEEK

계강자가 정치에 대해 공자에게 물었다.

공자가 대답하였다. "정치란 바로잡는 것이다. 당신이 바르게 이끌면, 누가 바르지 않겠는가?"

季康子患盜, 問於孔子. 孔子對曰:"苟子之不欲, 雖賞之, 不竊."

⑤ ChatGPT

계강자가 도둑이 많음을 걱정하여 공자에게 물었다.

공자가 대답하였다. "만약 당신이 탐욕을 부리지 않는다면, 비록 도둑질을 하면 상을 준다 해도 아무도 훔치지 않을 것입니다."

🐋 DEEPSEEK

계강자가 도둑 때문에 걱정하며 공자에게 물었다.

공자가 대답하였다. "만약 당신이 탐욕을 부리지 않는다면, 비록 상을 준다 해도 도둑질하지 않을 것이다."

季康子問政於孔子曰:"如殺無道, 以就有道, 何如?" 孔子對曰:"子爲政, 焉用殺! 子欲善, 而民善矣. 君子之德風, 小人之德草, 草上之風, 必偃."

⑤ ChatGPT

계강자가 공자에게 정치에 대해 물었다. "무도無道한 자를 죽여 유도有道한 세상을 이루는 것은 어떻습니까?"

공자가 대답하였다. "당신이 정치를 하면서 어찌 죽이는 것을 쓸 일이 있겠습니까! 그대가 선을 원하면 백성도 선하게 될 것입니다. 군자의 덕은 바람과 같고, 소인의 덕은 풀과 같습니다. 풀 위로 바람이 불면 반드시 쓰러지게 마련입니다."

DEEPSEEK

계강자가 정치에 대해 공자에게 물었다. "무도無道한 자를 죽여 도道를 이루려 한다면 어떻겠습니까?"

공자가 대답하였다. "당신이 정치를 하는 데 어찌 죽임을 쓰겠는가! 당신이 선善을 원하면 백성도 선해질 것입니다. 군자의 덕은 바람과 같고, 소인의 덕은 풀과 같으니, 풀 위에 바람이 불면 반드시 풀은 눕습니다."

| 12-20 |

子張問: "士何如斯可謂之達矣?" 子曰: "何哉? 爾所謂達者." 子張對曰: "在邦必聞, 在家必聞." 子曰: "是聞也, 非達也. 夫達也者, 質直而好義, 察言而觀色, 慮以下人, 在邦必達, 在家必達. 夫聞也者, 色取仁而行違, 居之不疑, 在邦必聞, 在家必聞."

ChatGPT

자장이 물었다. "선비는 어떠해야 통달했다고 할 수 있습니까?"

공자가 대답하였다. "네가 말하는 '통달'이란 무엇인가?"

자장이 대답하였다. "나라에서도 반드시 이름이 알려지고, 집안에서도 반드시 이름이 알려지는 것입니다."

공자가 말하였다. "그것은 단순히 알려지는 것이지, 통달한 것이 아니다. 진정한 통달이란, 성품이 곧고 의義를 좋아하며, 말을 살피고 표정을 관찰하며, 사람을 대할 때 신중해야 한다. 이런 사람은 나라에서도 통달하고, 집안에서도 통달한다. 그러나 단순히 이름만 알려진다는 것은, 겉으로는 어진 체하지만 실제 행동은 그렇지 않으며, 자신이 하는 일에 의심을 품지 않는 것이다. 이런 사람은 나라에서도 알려지고, 집안에서도 알려질 뿐이다."

 DEEPSEEK

자장이 물었다. "선비가 어떻게 해야 '달達'하다고 할 수 있습니까?"

공자가 말하였다. "무엇을 말하는가? 네가 말하는 '달'이란 무엇인가?"

자장이 대답하였다. "나라에서 반드시 이름이 알려지고, 집안에서도 반드시 이름이 알려지는 것입니다."

공자가 말하였다. "이는 '문聞'이지 '달達'이 아니다. 진정한 '달'이란, 본성이 곧고 의를 좋아하며, 말을 살피고 얼굴빛을 관찰하며, 아래 사람들을 생각하는 자로, 나라에서도 반드시 달하고, 집안에서도 반드시 달하다. 그러나 '문'이란, 겉으로는 인仁을 취하지만 행동은 어기고, 그 자리에 있으면서도 의심하지 않아, 나라에서도 반드시 이름이 알려지고, 집안에서도 반드시 이름이 알려지는 것이다."

| 12-21 |

樊遲從遊於舞雩之下, 曰: "敢問崇德·修慝·辨惑." 子曰: "善哉問! 先事後得, 非崇德與! 攻其惡, 無攻人之惡, 非修慝與! 一朝之忿, 忘其身, 以及其親, 非惑與!"

 ChatGPT

번지가 공자를 따라 무우舞雩 아래에서 함께 거닐다가 물었다. "감히 여쭙습니다. 덕을 높이고, 허물을 고치며, 혼란을 분별하는 것에 대해 가르쳐주십시오."

공자가 말하였다. "훌륭한 질문이구나! 일을 먼저 하고 나중에 얻으려 한다면, 이것이 덕을 높이는 것이 아니겠느냐? 자신의 악을 고치되, 남의 악을 공격하지 않는다면, 이것이 허물을 고치는 것이 아니겠느냐? 하루아침의 분노로 인해 자신의 몸을 잊고, 나아가 부모에게까지 화를 미친다면, 이것이 혼란스러운 것이 아니겠느냐?"

DEEPSEEK

번지가 무우舞雩 아래에서 공자를 따라다니며 말했다. "감히 덕을 높이고, 악을 고치고, 미혹을 분별하는 방법을 묻겠습니다."

공자가 말하였다. "좋은 질문이다! 일을 먼저 하고 얻음을 뒤로 하는 것이 덕을 높이는 것이 아니겠는가! 자신의 악을 공격하고 남의 악을 공격하지 않는 것이 악을 고치는 것이 아니겠는가! 하루아침의 분노로 자신을 잊고, 그로 인해 어버이까지 잊는 것이 미혹이 아니겠는가!"

| 12-22 |

樊遲問仁. 子曰: "愛人." 問知. 子曰: "知人." 樊遲未達. 子曰: "舉直錯諸枉, 能使枉者直." 樊遲退, 見子夏曰: "鄉也, 吾見於夫子而問知, 子曰: '舉直錯諸枉, 能使枉者直.' 何謂也?" 子夏曰: "富哉言乎! 舜有天下, 選於衆, 舉皐陶, 不仁者遠矣; 湯有天下, 選於衆, 舉伊尹, 不仁者遠矣."

ChatGPT

번지가 인仁에 대해 물었다.

공자가 말하였다. "인을 실천한다는 것은 사람을 사랑하는 것이다."

번지가 다시 지知에 대해 물었다.

공자가 말하였다. "지혜롭다는 것은 사람을 아는 것이다."

번지가 뜻을 온전히 이해하지 못하자, 공자가 설명하였다. "곧은 사람을 등용하여 굽은 사람 위에 두면, 결국 굽은 사람도 바르게 만들 수 있다."

번지가 물러나 자하를 만나서 말했다. "방금 내가 선생님을 찾아뵙고 지혜에 대해 여쭈었더니, 선생님께서는 '곧은 사람을 등용하여 굽은 사람 위에 두면,

결국 굽은 사람도 바르게 만들 수 있다'고 말씀하셨네. 이것이 무슨 뜻인가?"

자하가 대답하였다. "그 말씀이야말로 깊은 의미를 담고 있네! 옛날에 순舜이 천하를 다스릴 때, 많은 사람 중에서 뛰어난 이를 골라 고요皐陶를 등용하였고, 그 결과 불인한 자들이 멀어졌네. 또한 탕湯이 천하를 다스릴 때도, 많은 사람 중에서 뛰어난 이를 골라 이윤伊尹을 등용하였고, 그 결과 불인한 자들이 멀어졌지."

🐳 DEEPSEEK

번지가 인仁에 대해 물었다.

공자가 말하였다. "사람을 사랑하는 것이다."

지知에 대해 물었다.

공자가 말하였다. "사람을 아는 것이다."

번지가 이해하지 못하자, 공자가 말하였다. "곧은 사람을 들어서 굽은 사람 위에 두면, 굽은 사람을 곧게 할 수 있다."

번지가 물러나서 자하를 만나 말하였다. "방금 선생님을 뵙고 지知에 대해 물었더니, 선생님께서 '곧은 사람을 들어서 굽은 사람 위에 두면, 굽은 사람을 곧게 할 수 있다.'고 하셨습니다. 이게 무슨 뜻입니까?"

자하가 말하였다. "이 말씀이 얼마나 풍부한 의미인가! 순舜이 천하를 다스릴 때, 여러 사람 중에서 고요皐陶를 선택하니, 불인不仁한 자들이 멀리했고, 탕湯이 천하를 다스릴 때, 여러 사람 중에서 이윤伊尹을 선택하니, 불인한 자들이 멀리했다."

| 12-23 |

子貢問友. 子曰:"忠告而善道之, 不可則止, 無自辱焉."

ChatGPT

자공이 벗에 대해 물었다.

공자가 말하였다. "진심으로 충고하고 올바른 길로 이끌어주어라. 그러나 상대가 받아들이지 않는다면 그만두어야 하니, 스스로를 욕되게 하지 말라."

DEEPSEEK

자공이 친구에 대해 물었다.

공자가 말하였다. "충심으로 충고하고 선하게 이끌어주되, 받아들이지 않으면 그만두어라. 스스로 욕되게 하지 말라."

12-24

曾子曰: "君子以文會友, 以友輔仁."

ChatGPT

증자가 말하였다. "군자는 학문과 교양(文)으로 벗을 사귀고, 벗을 통해 인仁을 닦아 나간다."

DEEPSEEK

증자가 말하였다. "군자는 학문으로 친구를 만나고, 친구로써 인仁을 돕는다."

13. 자로子路

| 13-1 |

子路問政. 子曰: "先之, 勞之." 請益. 曰: "無倦."

⑤ ChatGPT

자로가 정사政事에 대해 물었다.

공자가 말하였다. "먼저 솔선수범하고, 백성을 위해 수고해야 한다."

자로가 더 자세히 물었다.

공자가 말하였다. "지치지 말아야 한다."

🐋 DEEPSEEK

자로가 정사政事에 대해 물었다.

공자가 말하였다. "먼저 솔선수범하고, 백성들을 부지런히 일하게 하라."

자로가 더 물었다.

공자가 말하였다. "게을리하지 말라."

| 13-2 |

仲弓爲季氏宰, 問政. 子曰: "先有司, 赦小過, 舉賢才." 曰: "焉知賢才
而舉之?" 曰: "舉爾所知, 爾所不知, 人其舍諸?"

⑤ ChatGPT

중궁이 계씨의 재상이 되어 정사政事에 대해 물었다.

공자가 말하였다. "먼저 담당 관리들을 바로잡고, 작은 허물은 용서하며, 어진 인재를 발탁해야 한다."

중궁이 물었다. "어진 인재를 어떻게 알아보고 등용할 수 있겠습니까?"

공자가 말하였다. "네가 아는 사람을 천거하라. 네가 알지 못하는 사람이라 해서, 다른 사람들이 그를 천거하지 않겠느냐?"

DEEPSEEK

중궁이 계씨의 가신家臣이 되어 정사에 대해 물었다.

공자가 말하였다. "관리들을 먼저 살피고, 작은 허물은 용서하며, 어진 인재를 등용하라."

중궁이 말하였다. "어떻게 어진 인재를 알아내어 등용할 수 있겠습니까?"

공자가 말하였다. "네가 아는 자를 등용하라. 네가 알지 못하는 자는 다른 사람들이 버려두겠느냐?"

| 13-3 |

子路曰:"衛君待子而爲政, 子將奚先?" 子曰:"必也正名乎!" 子路曰:
"有是哉, 子之迂也! 奚其正?" 子曰:"野哉! 由也. 君子於其所不知, 蓋
闕如也. 名不正, 則言不順;言不順, 則事不成;事不成, 則禮樂不興;
禮樂不興, 則刑罰不中;刑罰不中, 則民無所措手足. 故君子名之必可
言也, 言之必可行也. 君子於其言, 無所苟而已矣."

ChatGPT

자로가 말하였다. "위衛나라 임금께서 선생님을 기다려 정사를 맡기려 하십니다. 선생님께서는 무엇을 먼저 하시겠습니까?"

공자가 말하였다. "반드시 명칭(名)을 바르게 해야 한다!"

자로가 말하였다. "이런 말씀이 정말 맞습니까? 선생님께서 너무 현실과 동떨어지신 것 아닙니까? 명칭을 바로잡는다고 해서 무슨 소용이 있겠습니까?"

공자가 말하였다. "거친 말이구나, 유由(자로)야! 군자는 자신이 알지 못하는 것에 대해 함부로 말하지 않는 법이다. 명칭이 바르지 않으면 말이 순조롭지 못하고, 말이 순조롭지 못하면 일이 이루어지지 않는다. 일이 이루어지지 않으면 예악禮樂이 흥하지 못하고, 예악이 흥하지 못하면 형벌이 공정하지 못하며, 형벌이 공정하지 못하면 백성들은 손발 둘 곳을 알지 못하게 된다. 그러므로 군자는 반드시 명칭을 정할 때 그것이 제대로 표현될 수 있어야 하며, 말할 때는 반드시 실행될 수 있어야 한다. 군자는 말에 있어 결코 대충하는 법이 없을 뿐이다."

DEEPSEEK

자로가 말하였다. "위衛나라 군주가 선생님을 기다려 정사를 맡기려 하는데, 선생님은 무엇을 먼저 하시겠습니까?"

공자가 말하였다. "반드시 이름을 바로잡는 일이겠다."

자로가 말하였다. "그런 것이 있습니까? 선생님의 생각이 너무 고루합니다! 어떻게 바로잡을 수 있겠습니까?"

공자가 말하였다. "야만스럽구나, 유由(자로)야! 군자는 자기가 알지 못하는 것에 대해서는 대개 빠뜨려두는 법이다. 이름이 바르지 않으면 말이 순조롭지 못하고, 말이 순조롭지 못하면 일이 이루어지지 않으며, 일이 이루어지지 않으면 예악禮樂이 흥하지 못하고, 예악이 흥하지 못하면 형벌이 적중하지 못하며, 형벌이 적중하지 못하면 백성들이 손발을 둘 곳이 없게 된다. 그러므로 군자는 이름을 반드시 말할 수 있게 하고, 말을 반드시 실행할 수 있게 한다. 군자는 그 말에 대해서 함부로 하지 않을 뿐이다."

樊遲請學稼. 子曰:"吾不如老農." 請學爲圃. 曰:"吾不如老圃." 樊遲
出. 子曰:"小人哉, 樊須也! 上好禮, 則民莫敢不敬;上好義, 則民莫敢
不服;上好信, 則民莫敢不用情. 夫如是, 則四方之民襁負其子而至
矣, 焉用稼?"

⑤ ChatGPT

번지가 농사짓는 법을 배우고 싶다고 청하였다.

공자가 말하였다. "나는 노농老農만 못하네."

번지가 다시 원예를 배우고 싶다고 청하였다.

공자가 말하였다. "나는 노포老圃만 못하네."

번지가 나가자, 공자가 말하였다. "소인배로구나, 번수樊須는! 윗사람이 예禮
를 좋아하면 백성들이 감히 공경하지 않을 수 없고, 윗사람이 의義를 좋아하
면 백성들이 감히 따르지 않을 수 없으며, 윗사람이 신信을 좋아하면 백성들
이 감히 진심을 다하지 않을 수 없다. 이렇게 된다면 사방의 백성들이 어린
아이를 등에 업고 몰려들 것이니, 어찌 농사를 지을 필요가 있겠는가?"

⚫ DEEPSEEK

번지가 농사짓는 법을 배우고자 하였다.

공자가 말하였다. "나는 늙은 농부만 못하다."

번지가 원예를 배우고자 하였다.

공자가 말하였다. "나는 늙은 원예가만 못하다."

번지가 나가자, 공자가 말하였다. "소인小人이로다, 번수樊須야! 윗사람이 예
禮를 좋아하면 백성들이 공경하지 않음이 없고, 윗사람이 의義를 좋아하면
백성들이 복종하지 않음이 없으며, 윗사람이 신信을 좋아하면 백성들이 정
성을 다하지 않음이 없다. 이와 같으면 사방의 백성들이 아이를 업고 와서
따를 것이니, 어찌 농사를 짓겠느냐?"

子曰：“誦《詩》三百, 授之以政, 不達, 使於四方, 不能專對, 雖多, 亦奚 以爲?”

⑤ ChatGPT

공자가 말하였다. “《시경》삼백 편을 외운다 해도, 그것을 바탕으로 정사를 맡겨도 제대로 해내지 못하고, 사방으로 사신으로 보내도 스스로 응대하지 못한다면, 비록 많이 외웠다 한들 무슨 소용이 있겠는가?”

◆ DEEPSEEK

공자가 말하였다. “《시경》삼백 편을 외우고도 정사를 맡겨도 이루지 못하고, 사방에 사신으로 보내도 독자적으로 대응하지 못한다면, 비록 많이 외웠다 한들 무엇에 쓰겠는가?”

子曰：“其身正, 不令而行；其身不正, 雖令不從.”

⑤ ChatGPT

공자가 말하였다. “자신이 바르면 명령하지 않아도 행해지고, 자신이 바르지 않으면 명령해도 따르지 않는다.”

◆ DEEPSEEK

공자가 말하였다. “그 몸이 바르면 명령하지 않아도 행해지고, 그 몸이 바르지 않으면 비록 명령해도 따르지 않는다.”

子曰:"魯·衛之政, 兄弟也."

ChatGPT

공자가 말하였다. "노魯나라와 위衛나라의 정치는 형제와 같다."

DEEPSEEK

공자가 말하였다. "노魯나라와 위衛나라의 정치는 형제와 같다."

子謂衛公子荊, "善居室. 始有, 曰:'苟合矣.' 少有, 曰:'苟完矣.' 富有, 曰:'苟美矣.'"

ChatGPT

공자가 위衛나라의 공자 형荊에 대해 말하였다. "그는 집을 잘 가꾸는 사람이었다. 처음 집을 얻었을 때는 '그저 머물 수 있으면 됐다.'라고 말했고, 조금 더 넉넉해졌을 때는 '그저 온전하면 됐다.'라고 말했으며, 부유해졌을 때는 '그저 아름다우면 됐다.'라고 말하였다."

DEEPSEEK

공자가 위衛나라 공자 형荊에 대해 말하였다. "집안을 잘 다스린다. 처음에 조금만 있으면 '이제 합당하다.'고 하고, 조금 더 있으면 '이제 완벽하다.'고 하고, 풍족해지면 '이제 아름답다.'고 한다."

子適衛, 冉有僕. 子曰:"庶矣哉!" 冉有曰:"既庶矣, 又何加焉?" 曰:"富
之." 曰:"既富矣, 又何加焉?" 曰:"敎之."

---

⑤ ChatGPT

공자가 위衛나라로 갈 때, 염유가 마부가 되었다.

공자가 말하였다. "백성이 많구나!"

염유가 물었다. "이미 백성이 많은데, 또 무엇을 더해야 합니까?"

공자가 말하였다. "부유하게 해야 한다."

염유가 다시 물었다. "이미 부유해졌다면, 또 무엇을 더해야 합니까?"

공자가 말하였다. "교육해야 한다."

⚫ DEEPSEEK

공자가 위衛나라에 갈 때 염유가 수레를 몰았다.

공자가 말하였다. "백성이 많구나!"

염유가 말하였다. "백성이 이미 많다면, 또 무엇을 더해야 합니까?"

공자가 말하였다. "부유하게 하라."

염유가 말하였다. "이미 부유해졌다면, 또 무엇을 더해야 합니까?"

공자가 말하였다. "가르치라."

子曰:"苟有用我者, 朞月而已可也, 三年有成."

---

⑤ ChatGPT

공자가 말하였다. "만약 나를 써줄 사람이 있다면, 한 달 만에도 성과를 낼
수 있을 것이고, 삼 년이면 크게 이루어질 것이다."

DEEPSEEK

공자가 말하였다. "만일 나를 쓰는 자가 있다면, 한 해면 될 것이고, 삼 년이면 성과를 이룰 것이다."

| **13-11**

子曰:"'善人爲邦百年, 亦可以勝殘去殺矣.' 誠哉! 是言也."

ChatGPT

공자가 말하였다. "'어진 사람이 나라를 백 년 동안 다스린다면, 포악함을 없애고 형벌을 폐지할 수 있을 것이다.' 참으로 옳은 말이다!"

DEEPSEEK

공자가 말하였다. "'선인이 나라를 다스리는 데 백 년이면, 또한 잔악함을 이기고 살육을 없앨 수 있다.' 이 말이 참으로 옳다!"

| **13-12**

子曰:"如有王者, 必世而後仁."

ChatGPT

공자가 말하였다. "진정한 왕이 나타난다면, 한 세대(30년)는 지나야 인仁이 실현될 것이다."

DEEPSEEK

공자가 말하였다. "만일 왕도王道를 행하는 자가 있다면, 반드시 한 세대가 지난 뒤에 인仁이 이루어질 것이다."

子曰: "苟正其身矣, 於從政乎何有? 不能正其身, 如正人何?"

 ChatGPT

공자가 말하였다. "자신을 바르게 한다면, 정치를 맡는 일이야 무슨 어려움이 있겠는가? 자신도 바르게 하지 못하면서, 어찌 남을 바르게 하겠는가?"

DEEPSEEK

공자가 말하였다. "만일 그 몸을 바르게 한다면, 정사를 하는 데 무슨 어려움이 있겠는가? 그 몸을 바르게 하지 못하면서, 어떻게 다른 사람을 바르게 하겠는가?"

冉子退朝. 子曰: "何晏也?" 對曰: "有政." 子曰: "其事也. 如有政, 雖不吾以, 吾其與聞之."

ChatGPT

염유冉有가 조정에서 돌아왔다.
공자가 물었다. "어찌 이리 늦었느냐?"
염유가 대답하였다. "정무가 있었습니다."
공자가 말하였다. "그건 단지 일일 뿐이다. 정치라 할 만한 것이 있었다면, 비록 나를 기용하지 않는다 하더라도 나는 그 소식을 들었을 것이다."

DEEPSEEK

염자가 조정에서 물러나왔다.
공자가 말하였다. "어찌 이렇게 늦었는가?"
염자가 대답하였다. "정사가 있었습니다."

공자가 말하였다. "그것은 일(事)이다. 만일 정사가 있었다면 비록 나를 쓰지 않았더라도 내가 듣게 되었을 것이다."

| 13-15 |

定公問:"一言而可以興邦, 有諸?" 孔子對曰:"言不可以若是其幾也. 人之言曰:'爲君難, 爲臣不易.' 如知爲君之難也, 不幾乎一言而興邦 乎?" 曰:"一言而喪邦, 有諸?" 孔子對曰:"言不可以若是其幾也. 人之 言曰:'予無樂乎爲君, 唯其言而莫予違也.' 如其善而莫之違也, 不亦 善乎? 如不善而莫之違也, 不幾乎一言而喪邦乎?"

⑤ ChatGPT

노魯나라 정공이 물었다. "한마디 말로 나라를 흥하게 할 수 있습니까?"
공자가 대답하였다. "말이 그렇게까지 결정적인 것은 아닙니다. 하지만 이런 말이 있습니다. '임금이 되기는 어렵고, 신하가 되는 것도 쉽지 않다.' 임금이 되는 것이 어렵다는 것을 안다면, 이는 나라를 흥하게 하는 한마디말이 되지 않겠습니까?"
정공이 다시 물었다. "그렇다면 한마디 말로 나라를 망하게 할 수도 있습니까?"
공자가 대답하였다. "말이 그렇게까지 결정적인 것은 아닙니다. 하지만 이런 말이 있습니다. '나는 임금이 된 것이 기쁘지 않다. 다만 내 말을 아무도 거스르지 않기 때문이다.' 만약 그 말이 옳아서 아무도 거스르지 않는다면, 참으로 좋은 일이겠습니다. 그러나 그 말이 옳지 않음에도 아무도 거스르지 않는다면, 이것이야말로 한마디로 나라를 망하게 하는 일이 아니겠습니까?"

☞ DEEPSEEK

정공이 물었다. "한마디 말로 나라를 흥하게 할 수 있는 것이 있습니까?"

공자가 대답하였다. "말이 그렇게까지 간단하지는 않습니다. 사람들이 말하기를 '임금이 되기는 어렵고, 신하가 되기는 쉽지 않다.'고 합니다. 만일 임금이 되기가 어렵다는 것을 안다면, 한마디 말로 나라를 흥하게 하는 것에 가깝지 않습니까?"

정공이 말하였다. "한마디 말로 나라를 망하게 할 수 있는 것이 있습니까?"

공자가 대답하였다. "말이 그렇게까지 간단하지는 않습니다. 사람들이 말하기를 '나는 임금이 되는 것을 즐겁게 여기지 않는다. 다만 내 말을 어기는 자가 없을 뿐이다.'라고 합니다. 만일 그 말이 선하고 어기는 자가 없다면 또한 좋지 않겠습니까? 만일 그 말이 선하지 못하고 어기는 자가 없다면, 한마디 말로 나라를 망하게 하는 것에 가깝지 않습니까?"

| 13-16 |

葉公問政. 子曰: "近者說, 遠者來."

---

⑤ ChatGPT

섭공이 정치에 대해 물었다.

공자가 말하였다. "가까운 사람은 기뻐하고, 먼 곳의 사람은 찾아오게 해야 한다."

ⓝ DEEPSEEK

섭공이 정사에 대해 물었다.

공자가 말하였다. "가까운 자를 기쁘게 하고, 먼 자가 오게 하라."

子夏爲莒父宰, 問政. 子曰:"無欲速, 無見小利. 欲速則不達, 見小利則大事不成."

ChatGPT

자하가 거보莒父의 재상이 되어 정치에 대해 물었다.

공자가 말하였다. "조급해하지 말고, 작은 이익을 탐하지 마라. 조급히 하면 도달하지 못하고, 작은 이익을 탐하면 큰 일을 이루지 못한다."

DEEPSEEK

자하가 거보莒父의 수령이 되어 정사에 대해 물었다.

공자가 말하였다. "빨리 하려고 하지 말고, 작은 이익을 보려고 하지 말라. 빨리 하려고 하면 이루지 못하고, 작은 이익을 보려고 하면 큰 일을 이루지 못한다."

葉公語孔子曰:"吾黨有直躬者, 其父攘羊, 而子證之." 孔子曰:"吾黨之直者異於是, 父爲子隱, 子爲父隱, 直在其中矣."

ChatGPT

섭공이 공자에게 말하였다. "우리 고을에 곧은 사람이 있는데, 그의 아버지가 양을 훔치자 아들이 이를 고발하였습니다."

공자가 말하였다. "우리 고을의 곧음은 그것과 다릅니다. 아버지는 자식을 감싸고, 자식은 아버지를 감싸는 것이며, 그 안에서 참된 곧음이 실현됩니다."

DEEPSEEK

섭공이 공자에게 말하였다. "우리 고을에는 곧은 행실을 하는 자가 있는데,

그의 아버지가 양을 훔치자 아들이 이를 증언했습니다."

공자가 말하였다. "우리 고을의 곧은 자는 이와 다릅니다. 아버지는 아들을 위해 숨기고, 아들은 아버지를 위해 숨기니, 곧음이 그 안에 있습니다."

| 13-19

樊遲問仁. 子曰: "居處恭, 執事敬, 與人忠, 雖之夷狄, 不可棄也."

ChatGPT

번지가 인仁에 대해 물었다.

공자가 말하였다. "거처할 때는 공손하고, 일을 할 때는 정중하며, 사람을 대할 때는 진실해야 한다. 비록 오랑캐 땅에 간다 하더라도 이를 버려서는 안 된다."

DEEPSEEK

번지가 인仁에 대해 물었다.

공자가 말하였다. "거처할 때 공손하고, 일을 할 때 공경하며, 사람과 함께할 때 충실하라. 비록 오랑캐의 땅에 가더라도 버리지 말라."

| 13-20

子貢問曰: "何如斯可謂之士矣?" 子曰: "行己有恥, 使於四方, 不辱君命, 可謂士矣." 曰: "敢問其次." 曰: "宗族稱孝焉, 鄕黨稱弟焉." 曰: "敢問其次." 曰: "言必信, 行必果, 硜硜然小人哉! 抑亦可以爲次矣." 曰: "今之從政者何如?" 子曰: "噫! 斗筲之人, 何足算也?"

자공이 물었다. "어떠해야 선비라 할 수 있습니까?"

공자가 말하였다. "스스로 부끄러워할 줄 알고, 사신으로 가서도 임금의 명예를 손상시키지 않는다면 선비라 할 수 있다."

자공이 다시 물었다. "그보다 못한 사람은 어떻습니까?"

공자가 말하였다. "가족에게는 효라 칭송받고, 고향 사람들에게는 우애롭다 칭송받는 사람이다."

자공이 다시 물었다. "그보다 못한 사람은 어떻습니까?"

공자가 말하였다. "말에 반드시 믿음이 있고, 행동에 반드시 실천이 있는 사람이다. 하지만 이는 지나치게 고지식한 소인배에 가깝다. 그러나 차선책으로 볼 수는 있다."

자공이 다시 물었다. "오늘날 정치에 참여하는 사람들은 어떻습니까?"

공자가 탄식하며 말하였다. "아아! 됫박(斗)과 말통(筲) 같은 그릇으로, 어찌 논할 만하겠는가?"

자공子貢이 물었다. "어떻게 해야 선비라고 할 수 있습니까?"

공자가 말하였다. "자기 행실에 부끄러움이 있고, 사방에 사신으로 가서도 임금의 명을 욕되게 하지 않으면 선비라고 할 수 있다."

자공이 말하였다. "감히 그다음을 묻겠습니다."

공자가 말하였다. "종족에서는 효자라고 칭찬하고, 고을에서는 공손하다고 칭찬받는 자이다."

자공이 말하였다. "감히 그다음을 묻겠습니다."

공자가 말하였다. "말은 반드시 믿음이 있고, 행동은 반드시 결실이 있으나, 완고한 소인이다! 그러나 또한 그다음으로 할 수 있다."

자공이 말하였다. "오늘날 정사를 하는 자들은 어떻습니까?"

공자가 말하였다. "아! 되와 말 같은 자들이니, 어찌 셀 만하겠는가?"

13-21

子曰:"不得中行而與之, 必也狂狷乎! 狂者進取, 狷者有所不爲也."

ChatGPT

공자가 말하였다. "중도中道를 함께할 사람이 없다면, 차라리 과감한 사람이나 신중한 사람을 벗삼겠다. 과감한 사람은 적극적으로 나아가고, 신중한 사람은 함부로 행하지 않는다."

DEEPSEEK

공자가 말하였다. "중용中庸을 행하는 자를 얻어 함께하지 못한다면, 반드시 광狂하고 견狷한 자와 함께할 것이다! 광한 자는 나아가려 하고, 견한 자는 하지 않으려 한다."

13-22

子曰:"南人有言曰:'人而無恒, 不可以作巫醫.' 善夫!" "不恒其德, 或承之羞." 子曰:"不占而已矣."

ChatGPT

공자가 말하였다. "남방 사람들에게 이런 속담이 있다. '사람이 일정한 신념이 없으면, 무당과 의원도 될 수 없다.' 참으로 좋은 말이다!"
"덕을 일정하게 지키지 않으면, 수치를 당할 수도 있다."
공자가 말하였다. "그저 점을 치지 않을 뿐이다."

DEEPSEEK

공자가 말하였다. "남방 사람들이 말하기를 '사람이 변함이 없지 않으면 무巫와 의醫가 될 수 없다.'고 하였으니, 좋은 말이다!"
"그 덕을 변함없이 하지 않으면 수치를 받을 것이다."

공자가 말하였다. "점을 치지 않을 뿐이다."

| 13-23 | _____

子曰:"君子和而不同, 小人同而不和."

⑤ ChatGPT

공자가 말하였다. "군자는 화합하되 같아지지 않고, 소인은 같아지되 화합하지 않는다."

🐋 DEEPSEEK

공자가 말하였다. "군자는 화합하지만 같지 않고, 소인은 같지만 화합하지 않는다."

| 13-24 | _____

子貢問曰:"鄉人皆好之, 何如?" 子曰:"未可也." "鄉人皆惡之, 何如?"
子曰:"未可也. 不如鄉人之善者好之, 其不善者惡之."

⑤ ChatGPT

자공이 물었다. "고향 사람들이 모두 좋아한다면, 그 사람은 어떤가요?"
공자가 말하였다. "아직 충분하지 않다."
"그렇다면 고향 사람들이 모두 싫어한다면, 그 사람은 어떤가요?"
공자가 말하였다. "이 역시 충분하지 않다. 차라리 선한 사람은 그를 좋아하고, 선하지 않은 사람은 그를 싫어하는 것이 낫다."

🐋 DEEPSEEK

자공이 물었다. "마을 사람들이 모두 그를 좋아한다면 어떻습니까?"

공자가 말하였다. "아직 충분하지 않다."

자공이 다시 물었다. "마을 사람들이 모두 그를 미워한다면 어떻습니까?"

공자가 말하였다. "아직 충분하지 않다. 마을 사람들 중 선한 이들이 그를 좋아하고, 선하지 않은 이들이 그를 미워하는 편이 낫다."

| 13-25 |

子曰:"君子易事而難說也, 說之不以道, 不說也, 及其使人也, 器之;
小人難事而易說也, 說之雖不以道, 說也, 及其使人也, 求備焉."

⑤ ChatGPT

공자가 말하였다. "군자는 섬기기 쉬우나 기쁘게 하기는 어렵다. 그를 기쁘게 하려면 도리에 맞아야 하며, 그렇지 않으면 기뻐하지 않는다. 그러나 사람을 부릴 때는 적절하게 그 재능을 활용한다. 소인은 섬기기는 어렵고 기쁘게 하기는 쉽다. 비록 도리에 맞지 않더라도 기쁘게 하면 좋아하지만, 사람을 부릴 때는 완벽함을 요구한다."

❤ DEEPSEEK

공자가 말하였다. "군자는 섬기기 쉽지만 기쁘게 하기 어렵다. 도리에 맞지 않게 기쁘게 하려 해도 기뻐하지 않는다. 그러나 사람을 부릴 때에는 그 재능에 맞게 쓴다. 소인은 섬기기 어렵지만 기쁘게 하기는 쉽다. 도리에 맞지 않게 해도 기뻐한다. 그러나 사람을 부릴 때에는 모든 면에서 완벽함을 요구한다."

子曰: "君子泰而不驕, 小人驕而不泰."

⑯ ChatGPT

공자가 말하였다. "군자는 태연하되 교만하지 않고, 소인은 교만하되 태연하지 않다."

✿ DEEPSEEK

공자가 말하였다. "군자는 안정되어 있지만 교만하지 않고, 소인은 교만하지만 안정되어 있지 않다."

子曰: "剛毅木訥近仁."

⑯ hatGPT

공자가 말하였다. "강직하고 과묵하며 말수가 적은 사람은 인仁에 가깝다."

✿ DEEPSEEK

공자가 말하였다. "강직하고 결단력 있으며, 소박하고 말수가 적은 사람은 인仁에 가깝다."

子路問曰: "何如斯可謂之士矣?" 子曰: "切切·偲偲·怡怡如也, 可謂士矣, 朋友切切·偲偲, 兄弟怡怡."

ChatGPT

자로가 물었다. "어떠해야 선비라 할 수 있습니까?"

공자가 말하였다. "간절하고 정성을 다하며, 온화하고 부드러워야 한다. 친구에게는 간절하고 정성을 다하고, 형제에게는 온화해야 한다."

DEEPSEEK

자로가 물었다. "어떻게 해야 선비라고 할 수 있습니까?"

공자가 말하였다. "부지런히 노력하고, 서로 격려하며, 화목하게 지낸다면 선비라고 할 수 있다. 친구 사이에는 부지런히 노력하고 서로 격려하며, 형제 사이에는 화목하게 지내야 한다."

| 13-29 |

子曰:"善人敎民七年, 亦可以卽戎矣."

ChatGPT

공자가 말하였다. "훌륭한 지도자가 백성을 일곱 해 동안 가르친다면, 전쟁에 나설 수 있게 될 것이다."

DEEPSEEK

공자가 말하였다. "선한 사람이 백성을 일곱 해 동안 가르치면, 그들로 하여금 전쟁에 나설 수 있게 할 수 있다."

| 13-30 |

子曰:"以不敎民戰, 是謂棄之."

ChatGPT

공자가 말하였다. "백성을 가르치지 않고 전쟁에 내보내는 것은 그들을 버리는 것이다."

DEEPSEEK

공자가 말하였다. "가르치지 않은 백성으로 전쟁을 한다는 것은 그들을 버리는 것이다."

14. 헌문憲問

| **14-1** |

憲問恥. 子曰:"邦有道, 穀;邦無道, 穀, 恥也."

⑤ ChatGPT

원헌原憲이 '부끄러움(恥)'에 대해 물었다.

공자가 말하였다. "나라에 도가 있으면 벼슬하여 녹(穀)을 받는 것이 마땅하지만, 나라에 도가 없는데도 벼슬하여 녹을 받는 것은 부끄러운 일이다."

◆ DEEPSEEK

원헌原憲이 치욕에 대해 물었다.

공자가 말하였다. "나라가 도道를 행할 때 녹봉을 받는 것은 당연하지만, 나라가 도를 잃었을 때 녹봉을 받는 것은 치욕이다."

| **14-2** |

"克·伐·怨·欲不行焉, 可以爲仁矣?" 子曰:"可以爲難矣, 仁則吾不知也."

⑤ ChatGPT

원헌原憲이 물었다. "남을 이기려 하지 않고, 공을 자랑하지 않으며, 원망하지 않고, 욕심을 따르지 않는다면, 인仁을 실천하는 것이라 할 수 있습니까?"

공자가 말하였다. "그렇게 하는 것은 어려운 일이겠지만, 그것이 인이라 할 수 있을지는 모르겠다."

DEEPSEEK

원헌原憲이 물었다. "이기려는 마음, 자랑하려는 마음, 원망하는 마음, 욕심을 행하지 않는다면, 인仁이라 할 수 있습니까?"

공자가 말하였다. "그것은 어려운 일이긴 하지만, 인인지는 나도 알 수 없다."

| **14-3**

子曰:"士而懷居, 不足以爲士矣."

ChatGPT

공자가 말하였다. "선비가 편안한 삶을 탐하면, 더 이상 선비라 할 수 없다."

DEEPSEEK

공자가 말하였다. "선비가 편안한 생활만을 생각한다면, 그는 선비라 할 수 없다."

| **14-4**

子曰:"邦有道, 危言危行;邦無道, 危行言孫."

ChatGPT

공자가 말하였다. "나라에 도가 있으면 바른 말을 하고 바른 행동을 해야 하지만, 나라에 도가 없으면 바른 행동은 하되, 말은 공손해야 한다."

DEEPSEEK

공자가 말하였다. "나라가 도를 행할 때에는 말과 행동을 바르게 하라. 나라가 도를 잃었을 때에는 행동은 바르게 하되 말은 조심스럽게 하라."

子曰:"有德者必有言, 有言者不必有德;仁者必有勇, 勇者不必有仁."

 ChatGPT

공자가 말하였다. "덕이 있는 사람은 반드시 말을 한다. 그러나 말을 하는 사람이 반드시 덕이 있는 것은 아니다. 어진 사람은 반드시 용기가 있다. 그러나 용기가 있는 사람이 반드시 어진 것은 아니다."

DEEPSEEK

공자가 말하였다. "덕이 있는 사람은 반드시 말이 있지만, 말이 있는 사람이 반드시 덕이 있는 것은 아니다. 어진 사람은 반드시 용기가 있지만, 용기가 있는 사람이 반드시 어진 것은 아니다."

南宮适問於孔子曰:"羿善射, 奡盪舟, 俱不得其死. 然禹·稷躬稼而有天下." 夫子不答, 南宮适出, 子曰:"君子哉! 若人. 尙德哉! 若人."

ChatGPT

남궁괄이 공자에게 물었다. "예羿는 활을 잘 쏘았고, 오奡는 배를 잘 저었지만, 둘 다 비참한 죽음을 맞았습니다. 반면, 우禹와 직稷은 몸소 농사를 지어 천하를 얻었습니다."
공자는 아무 대답도 하지 않았고, 남궁괄이 나가자 말하였다. "군자다운 사람이로다! 저 사람은. 덕을 숭상하는구나! 저 사람은."

DEEPSEEK

남궁괄이 공자에게 물었다. "예羿는 활을 잘 쏘았고, 오奡는 배를 잘 다루었으나, 둘 다 제대로 죽지 못했습니다. 그러나 우禹와 직稷은 직접 농사를 지어 천하를 얻었습니다."

공자는 대답하지 않았다. 남궁괄이 나가자, 공자가 말하였다. "군자로다, 저 사람! 덕을 숭상하는구나, 저 사람!"

| 14-7 |

子曰:"君子而不仁者有矣夫, 未有小人而仁者也."

⑤ ChatGPT
공자가 말하였다. "군자 중에도 어질지 못한 사람이 있을 수 있지만, 소인 중에는 어진 사람이 없다."

⑥ DEEPSEEK
공자가 말하였다. "군자이면서 어질지 못한 사람은 있을 수 있지만, 소인이면서 어진 사람은 없다."

| 14-8 |

子曰:"愛之, 能勿勞乎? 忠焉, 能勿誨乎?"

⑤ ChatGPT
공자가 말하였다. "사랑한다면, 그들을 힘들이지 않게 할 수 있겠는가? 충성을 다한다면, 그들을 가르치지 않을 수 있겠는가?"

⑥ DEEPSEEK
공자가 말하였다. "사랑한다면 수고롭게 하지 않을 수 있겠는가? 충성한다면 가르치지 않을 수 있겠는가?"

14-9

子曰:"爲命, 裨諶草創之, 世叔討論之, 行人子羽修飾之, 東里子産潤色之."

ChatGPT

공자가 말하였다. "국가의 명령을 만드는 과정에서, 비침이 초안을 잡고, 세숙이 논의하며, 행인 자우가 다듬고, 동리 자산이 윤색하였다."

DEEPSEEK

공자가 말하였다. "정령政令을 만들 때, 비침이 초안을 만들고, 세숙이 검토하며, 행인 자우가 수정하고, 동리 자산이 다듬었다."

14-10

或問子産. 子曰:"惠人也." 問子西. 曰:"彼哉! 彼哉!" 問管仲. 曰:"人也奪伯氏騈邑三百, 飯疏食, 沒齒, 無怨言."

ChatGPT

어떤 사람이 자산에 대해 물었다.

공자가 말하였다. "자애로운 사람이다."

자서에 대해 물었다.

공자가 말하였다. "그 사람은! 그 사람은!"

관중에 대해 물었다.

공자가 말하였다. "그는 참된 인물이다. 그가 백씨伯氏의 삼백 가구를 빼앗았지만, 백씨는 거친 밥을 먹으며 평생을 보내도 한마디 원망하지 않았다."

DEEPSEEK

어떤 사람이 자산에 대해 물었다.

공자가 말하였다. "은혜를 베푼 사람이다."

자서에 대해 물었다.

공자가 말하였다. "저 사람! 저 사람!"

관중에 대해 물었다.

공자가 말하였다. "훌륭한 사람이다. 백씨伯氏의 병읍骈邑 삼백 호를 빼앗았지만, 백씨는 평생 원망하지 않고 거친 음식으로 살았다."

| 14-11 |

子曰:"貧而無怨難, 富而無驕易."

⑤ ChatGPT

공자가 말하였다. "가난하면서도 원망하지 않는 것은 어렵고, 부유하면서도 교만하지 않는 것은 쉽다."

✿ DEEPSEEK

공자가 말하였다. "가난하지만 원망하지 않는 것은 어렵고, 부유하지만 교만하지 않는 것은 쉽다."

| 14-12 |

子曰:"孟公綽爲趙·魏老則優, 不可以爲滕·薛大夫."

⑤ ChatGPT

공자가 말하였다. "맹공작이 조趙나 위魏의 원로가 된다면 넉넉히 감당할 수 있겠지만, 등滕이나 설薛의 대부가 되기에는 적합하지 않다."

DEEPSEEK

공자가 말하였다. "맹공작은 조趙나 위魏 같은 큰 나라의 가신家臣이 되기에 적합하지만, 등滕이나 설薛 같은 작은 나라의 대부가 되기에는 적합하지 않다."

14-13

子路問成人. 子曰:"若臧武仲之知, 公綽之不欲, 卞莊子之勇, 冉求之藝, 文之以禮樂, 亦可以爲成人矣." 曰:"今之成人者何必然? 見利思義, 見危授命, 久要不忘平生之言, 亦可以爲成人矣."

ChatGPT

자로가 '완전한 사람(成人)'에 대해 물었다.

공자가 말하였다. "장무중의 지혜, 공작의 무욕無欲, 변장자의 용기, 염구의 기술을 갖추고, 이를 예악禮樂으로 조화롭게 한다면, 완전한 사람이라 할 수 있다."

그리고 공자가 덧붙여 말하였다. "오늘날 완전한 사람이 되려면 꼭 이렇게 해야만 하는 것은 아니다. 이익을 보면 의로움을 생각하고, 위험을 만나면 목숨을 바치며, 오랜 약속을 잊지 않고, 한평생 한 말을 변함없이 지킨다면, 이 또한 완전한 사람이라 할 수 있다."

DEEPSEEK

자로가 완전한 사람에 대해 물었다.

공자가 말하였다. "장무중의 지혜, 공작의 무욕無欲, 변장자의 용기, 염구의 재능을 갖추고, 예악禮樂으로 꾸민다면 완전한 사람이라 할 수 있다."

그리고 덧붙였다. "오늘날의 완전한 사람은 반드시 그럴 필요는 없다. 이익을 보면 의리를 생각하고, 위험을 보면 목숨을 바치며, 오랜 시간이 지나도 평생의 말을 잊지 않는다면, 그 또한 완전한 사람이라 할 수 있다."

子問公叔文子於公明賈曰:"信乎, 夫子不言, 不笑, 不取乎?" 公明賈
對曰:"以告者過也. 夫子時然後言, 人不厭其言;樂然後笑, 人不厭其
笑;義然後取, 人不厭其取." 子曰:"其然? 豈其然乎?"

⑤ ChatGPT

공자가 공숙문자에 대해 공명가에게 물었다. "그는 정말 말하지 않고, 웃지
않고, 받지 않는 사람이었는가?"

공명가가 대답하였다. "사람들이 과장하여 말한 것입니다. 그분은 때가 되
어야 말을 하셨기에, 사람들은 그의 말을 싫어하지 않았고, 즐거울 때 웃으
셨기에, 사람들은 그의 웃음을 싫어하지 않았으며, 의로운 것만을 받으셨기
에, 사람들은 그의 취함을 싫어하지 않았습니다."

공자가 말하였다. "그렇단 말인가? 과연 그럴 수 있겠는가?"

✨ DEEPSEEK

공자가 공숙문자에 대해 공명가에게 물었다. "그분이 말하지 않고, 웃지 않
고, 취하지 않는다는 말이 사실인가?"

공명가가 대답하였다. "그 말은 과장된 것입니다. 그분은 때가 되어야 말씀
하시니, 사람들이 그 말을 싫어하지 않습니다. 기쁠 때에야 웃으시니, 사람
들이 그 웃음을 싫어하지 않습니다. 의로운 것을 취하시니, 사람들이 그 취
함을 싫어하지 않습니다."

공자가 말하였다. "그렇단 말인가? 정말 그렇겠는가?"

子曰:"臧武仲以防求爲後於魯, 雖曰不要君, 吾不信也."

⑤ ChatGPT

공자가 말하였다. "장무중이 방防 땅을 가지고 노魯나라에서 후계 자리를 구하려 했다고 하는데, 비록 그가 군주의 뜻을 구하지 않았다고 말하더라도, 나는 믿지 않는다."

ⓝ DEEPSEEK

공자가 말하였다. "장무중이 방防을 바탕으로 노魯나라에서 후사를 요구했으니, 비록 군주를 협박하지 않았다고 해도, 나는 믿지 않는다."

| 14-16 |

子曰:"晉文公譎而不正, 齊桓公正而不譎."

⑤ ChatGPT

공자가 말하였다. "진 문공은 교묘하였으나 정직하지 않았고, 제 환공은 정직하였으나 교묘하지 않았다."

ⓝ DEEPSEEK

공자가 말하였다. "진 문공은 꾀를 부렸지만 바르지 못했고, 제 환공은 바르지만 꾀를 부리지 않았다."

| 14-17 |

子路曰:"桓公殺公子糾, 召忽死之, 管仲不死, 曰:'未仁乎!'" 子曰:"桓公九合諸侯, 不以兵車, 管仲之力也. 如其仁! 如其仁!"

⑤ ChatGPT

자로가 물었다. "제 환공이 공자 규糾를 죽였을 때, 소홀은 이에 따라 죽었지만, 관중은 죽지 않았습니다. 그렇다면 관중은 인仁이 없는 것입니까?"

공자가 말하였다. "환공이 아홉 번 제후들을 연합시키되 무력을 사용하지 않은 것은 모두 관중의 힘이었다. 그를 어찌 인이 없다고 하겠는가? 그를 어찌 인이 없다고 하겠는가?"

DEEPSEEK

자로가 말하였다. "환공이 공자 규糾를 죽였을 때, 소홀은 죽었지만, 관중은 죽지 않았습니다. 관중은 어질지 못한 것입니까?"

공자가 말하였다. "환공이 여러 번 제후들을 모았지만, 병거를 사용하지 않은 것은 관중의 힘이다. 그가 어질다! 그가 어질다!"

| 14-18 |

子貢曰：＂管仲非仁者與！桓公殺公子糾, 不能死, 又相之.＂ 子曰：＂管仲相桓公, 霸諸侯, 一匡天下, 民到于今受其賜. 微管仲, 吾其被髮左衽矣. 豈若匹夫·匹婦之爲諒也, 自經於溝瀆而莫之知也？＂

ChatGPT

자공이 물었다. "관중은 어진 사람이 아니지 않습니까? 환공이 공자 규糾를 죽였을 때, 그는 죽지도 않고 오히려 그를 섬겼습니다."

공자가 말하였다. "관중이 제齊나라 환공을 보필하여 제후들을 규합하고 천하를 바로잡았으며, 백성들은 오늘날까지도 그의 혜택을 받고 있다. 만약 관중이 없었더라면, 우리는 아마도 머리를 풀어헤치고 좌임左衽(오랑캐의 옷차림)을 하게 되었을 것이다. 어찌 한낱 평범한 남녀가 좁은 신의信義를 지킨다고 하여 도랑에서 스스로 목을 매도 아무도 알아주지 않는 것과 같겠는가?"

DEEPSEEK

자공이 말하였다. "관중은 어짊(仁)을 실천한 사람이 아니지 않습니까? 환공이 공자 규糾를 죽였을 때, 관중은 죽음을 각오하지 않고 오히려 환공의 재상이 되었습니다."

공자가 말하였다. "관중이 환공을 도와 제후들의 패자가 되게 하고, 천하를 바로잡았으니, 백성들은 지금까지 그 혜택을 받고 있다. 만일 관중이 없었다면, 우리는 머리를 풀어헤치고 옷을 왼쪽으로 여며 입는 오랑캐의 풍속을 따르고 있을 것이다. 어찌 보통 남녀의 작은 신의信義만을 지키다가, 도랑에 스스로 목숨을 끊어 아무도 알지 못하게 되는 것과 같겠는가?"

| 14-19 |

公叔文子之臣大夫僎與文子同升諸公. 子聞之, 曰:"可以爲文矣."

ⓢ ChatGPT

공숙문자의 가신家臣인 대부 선僎이 공숙문자의 추천을 받아 그와 함께 공조公朝의 신하가 되었다.

공자가 이 말을 듣고 말하였다. "공숙문자는 '문文'이라 부를 만하구나."

DEEPSEEK

공숙문자의 가신家臣인 대부 선僎이 문자와 함께 공직公職에 올랐다.

공자가 이를 듣고 말하였다. "그를 '문文'이라 할 만하다."

| 14-20 |

子言衛靈公之無道也. 康子曰:"夫如是, 奚而不喪?" 孔子曰:"仲叔圉治賓客, 祝鮀治宗廟, 王孫賈治軍旅. 夫如是, 奚其喪?"

ChatGPT

공자가 위衛나라 영공의 무도함을 비난하였다.

강자가 물었다. "그렇다면 어찌하여 아직 망하지 않았습니까?"

공자가 말하였다. "중숙어는 외국 사신을 접대하고, 축타는 종묘를 관리하며, 왕손가는 군대를 통솔하고 있다. 이런 사람들이 있으니, 어찌 쉽게 망하겠는가?"

DEEPSEEK

공자가 위 영공의 무도함을 말하였다.

강자가 말하였다. "그렇다면 왜 망하지 않았습니까?"

공자가 말하였다. "중숙어는 빈객을 다스리고, 축타는 종묘를 다스리며, 왕손가는 군대를 다스렸다. 이렇게 하였으니, 어찌 망하겠는가?"

14-21

子曰:"其言之不怍, 則爲之也難."

ChatGPT

공자가 말하였다. "자신의 말에 부끄러움이 없다면, 그것을 실천하기는 어려운 법이다."

DEEPSEEK

공자가 말하였다. "말을 함부로 하여 부끄러워하지 않으면, 그것을 실천하기 어렵다."

陳成子弒簡公. 孔子沐浴而朝, 告於哀公曰:"陳恒弒其君, 請討之."
公曰:"告夫三子!" 孔子曰:"以吾從大夫之後, 不敢不告也. 君曰'告夫
三子'者!" 之三子告, 不可. 孔子曰:"以吾從大夫之後, 不敢不告也."

---

⑤ ChatGPT

진성자가 간공을 시해하였다.

공자는 머리를 감고 조회에 나아가, 애공에게 아뢰었다. "진항이 임금을 시해하였으니, 토벌을 요청합니다."

애공이 대답하였다. "삼공三公에게 보고하라."

공자가 말하였다. "제가 대부의 신분에 속해 있기에 보고하지 않을 수 없습니다. 그러나 임금께서 '삼공에게 보고하라.' 하셨으니, 그대로 따르겠습니다."

그 후 삼공에게 보고하였으나 받아들여지지 않았다.

공자가 말하였다. "나는 대부의 신분이기에 보고하지 않을 수 없었다."

⑤ DEEPSEEK

진성자가 간공을 시해하였다.

공자가 목욕하고 조정에 나아가 애공에게 아뢰었다. "진항이 그 군주를 시해하였으니, 토벌을 청합니다."

애공이 말하였다. "세 대부에게 말하라!"

공자가 말하였다. "내가 대부의 뒤를 따라야 하니, 감히 알리지 않을 수 없습니다. 군주가 '세 대부에게 말하라.'고 하셨습니다!"

세 대부에게 알렸으나, 허락하지 않았다.

공자가 말하였다. "내가 대부의 뒤를 따라야 하니, 감히 알리지 않을 수 없습니다."

| 14-23 |

子路問事君. 子曰:"勿欺也, 而犯之."

⑤ ChatGPT

자로가 임금을 섬기는 방법을 물었다.

공자가 말하였다. "속이지 말고, 필요할 때는 직언해야 한다."

👾 DEEPSEEK

자로가 군주를 섬기는 법을 물었다.

공자가 말하였다. "속이지 말고, 직간直諫하라."

| 14-24 |

子曰:"君子上達, 小人下達."

⑤ ChatGPT

공자가 말하였다. "군자는 위로 올라가는 것을 추구하고, 소인은 아래로 내려가는 것을 추구한다."

👾 DEEPSEEK

공자가 말하였다. "군자는 위로 통달하고, 소인은 아래로 통달한다."

| 14-25 |

子曰:"古之學者爲己, 今之學者爲人."

⑤ ChatGPT

공자가 말하였다. "옛날의 학자는 자기 수양을 위해 배웠지만, 지금의 학자는 남에게 보이기 위해 배운다."

☁ DEEPSEEK

공자가 말하였다. "옛날의 학자는 자신을 위해 배웠지만, 오늘날의 학자는
남을 위해 배운다."

| 14-26 |

蘧伯玉使人於孔子. 孔子與之坐而問焉, 曰:"夫子何爲?" 對曰:"夫子
欲寡其過而未能也." 使者出, 子曰:"使乎! 使乎!"

⑤ ChatGPT

거백옥이 사람을 보내 공자에게 문안을 드리게 하였다.

공자는 사자를 맞이하여 물었다. "그대의 주인께서는 무엇을 하고 계시는
가?"

사자가 대답하였다. "그분께서는 자신의 허물을 줄이려고 노력하고 계십니
다. 그러나 아직 다 고치지 못했다고 하십니다."

사자가 떠난 후, 공자가 말하였다. "진실한 사신이로다! 진실한 사신이로다!"

☁ DEEPSEEK

거백옥이 공자에게 사람을 보냈다.

공자가 그와 함께 앉아 물었다. "그대의 스승은 무엇을 하시는가?"

사자가 대답하였다. "스승님은 허물을 줄이려고 하시지만 아직 이루지 못하
셨습니다."

사자가 나가자, 공자가 말하였다. "훌륭한 사자로다! 훌륭한 사자로다!"

14-27

子曰：“不在其位, 不謀其政.”

ChatGPT

공자가 말하였다. “그 자리에 있지 않으면, 그 정사를 도모하지 않는다.”

DEEPSEEK

공자가 말하였다. “그 자리에 있지 않으면 그 정사를 꾀하지 않는다.”

14-28

曾子曰：“君子思不出其位.”

ChatGPT

증자가 말하였다. “군자는 자신의 역할을 벗어난 생각을 하지 않는다.”

DEEPSEEK

증자가 말하였다. “군자는 그 자리를 벗어나 생각하지 않는다.”

14-29

子曰：“君子恥其言而過其行.”

ChatGPT

공자가 말하였다. “군자는 말이 행동보다 지나치는 것을 부끄러워한다.”

DEEPSEEK

공자가 말하였다. “군자는 말이 행동을 넘어가는 것을 부끄러워한다.”

子曰: "君子道者三, 我無能焉. 仁者不憂, 知者不惑, 勇者不懼." 子貢曰: "夫子自道也."

 ChatGPT

공자가 말하였다. "군자가 갖춰야 할 세 가지 덕이 있으나, 나는 갖추지 못했다. 어진 사람은 근심하지 않고, 지혜로운 사람은 의심하지 않으며, 용기 있는 사람은 두려워하지 않는다."
자공이 말하였다. "선생님께서 스스로를 말씀하셨다."

DEEPSEEK

공자가 말하였다. "군자의 도는 세 가지인데, 나는 그것을 이루지 못했다. 어진 사람은 근심하지 않고, 지혜로운 사람은 의혹하지 않으며, 용기 있는 사람은 두려워하지 않는다."
자공이 말하였다. "선생님이 스스로를 말씀하시는 것입니다."

子貢方人. 子曰: "賜也賢乎哉! 夫我則不暇."

ChatGPT

자공이 사람들을 평가하였다.
공자가 말하였다. "사賜(자공)가 어찌 그렇게 훌륭하단 말인가! 나는 그런 것까지 신경 쓸 겨를이 없다."

DEEPSEEK

자공이 남을 평론하였다.
공자가 말하였다. "사賜야, 네가 현명하냐? 나는 그럴 겨를이 없다."

子曰：“不患人之不己知, 患其不能也.”

⑤ ChatGPT

공자가 말하였다. “남들이 나를 알아주지 않는 것을 걱정하지 말고, 내가 능력이 없는 것을 걱정해야 한다.”

DEEPSEEK

공자가 말하였다. “남들이 나를 알아주지 않는 것을 걱정하지 말고, 내가 능력이 없는 것을 걱정하라.”

子曰：“不逆詐, 不億不信, 抑亦先覺者, 是賢乎!”

⑤ ChatGPT

공자가 말하였다. “남이 속일 것을 미리 의심하지 않고, 남이 믿지 않을 것을 억측하지 않으면서도, 먼저 깨달을 수 있다면, 이는 어진 것이라 할 수 있지 않겠는가!”

DEEPSEEK

공자가 말하였다. “속임수를 미리 의심하지 않고, 믿지 못할 것을 미리 추측하지 않으면서도 먼저 깨닫는 사람, 그가 현명한 사람이다!”

微生畝謂孔子曰：“丘何爲是栖栖者與? 無乃爲佞乎?” 孔子曰：“非敢

爲佞也, 疾固也."

ChatGPT

미생묘가 공자에게 말하였다. "공자(丘)께서는 어찌 이리 분주하게 다니십니까? 혹시 아첨하려는 것 아닙니까?"

공자가 말하였다. "아첨하려는 것이 아니라, 고집스럽고 편협한 태도를 미워하기 때문이다."

DEEPSEEK

미생묘가 공자에게 말하였다. "구丘여, 어찌하여 이렇게 분주하게 다니십니까? 말재주를 부리려는 것입니까?"

공자가 말하였다. "감히 말재주를 부리려는 것이 아니라, 고질적인 병을 고치려는 것입니다."

| 14-35 |

子曰: "驥不稱其力, 稱其德也."

ChatGPT

공자가 말하였다. "준마는 그 힘으로 평가되지 않고, 그 덕德으로 평가된다."

DEEPSEEK

공자가 말하였다. "천리마는 그 힘을 칭찬받는 것이 아니라, 그 덕을 칭찬받는 것이다."

或曰:"以德報怨, 何如?" 子曰:"何以報德? 以直報怨, 以德報德."

⑤ ChatGPT

어떤 사람이 물었다. "덕으로 원한을 갚는 것은 어떻습니까?"

공자가 말하였다. "그러면 덕은 무엇으로 갚겠는가? 원한은 정직으로 갚고, 덕은 덕으로 갚아야 한다."

⚫ DEEPSEEK

어떤 사람이 말하였다. "원한을 덕으로 갚는 것은 어떻습니까?"

공자가 말하였다. "그렇다면 덕은 무엇으로 갚겠는가? 원한은 바름으로 갚고, 덕은 덕으로 갚아야 한다."

子曰:"莫我知也夫!" 子貢曰:"何爲其莫知子也?" 子曰:"不怨天, 不尤人, 下學而上達. 知我者其天乎!"

⑤ ChatGPT

공자가 말하였다. "나를 알아주는 사람이 없구나!"

자공이 말하였다. "어찌하여 아무도 선생님을 알아주지 않는다고 하십니까?"

공자가 말하였다. "나는 하늘을 원망하지 않고, 사람을 탓하지 않으며, 아래에서 배우고 위로 나아갈 뿐이다. 나를 아는 이는 아마도 하늘이겠구나!"

⚫ DEEPSEEK

공자가 말하였다. "나를 아는 이가 없구나!"

자공이 말하였다. "어찌하여 선생님을 아는 이가 없습니까?"

공자가 말하였다. "하늘을 원망하지 않고, 사람을 탓하지 않으며, 아래를 배워 위로 통달한다. 나를 아는 이는 하늘일 것이다!"

| 14-38 |

公伯寮愬子路於季孫. 子服景伯以告, 曰:"夫子固有惑志於公伯寮, 吾力猶能肆諸市朝." 子曰:"道之將行也與, 命也;道之將廢也與, 命也. 公伯寮其如命何!"

⑤ ChatGPT

공백료가 자로를 계손에게 헐뜯었다.

자복경백이 이를 공자에게 알리며 말하였다. "선생님께서는 본래 공백료에게 의심을 품고 계셨습니다. 제가 힘을 내어 그를 저잣거리에서 벌할 수도 있습니다."

공자가 말하였다. "도道가 행해질 것인가 아닌가는 운명에 달려 있으며, 도가 폐해질 것인가 아닌가도 운명에 달려 있다. 공백료가 운명을 어찌할 수 있겠는가!"

✿ DEEPSEEK

공백료가 계손에게 자로를 참소하였다.

자복경백이 이를 공자에게 알리며 말하였다. "선생님이 공백료에게 미혹되셨다면, 제 힘으로 그를 저잣거리에 처형할 수 있습니다."

공자가 말하였다. "도가 행해지는 것은 명命이요, 도가 폐해지는 것도 명이다. 공백료가 명을 어찌하겠는가!"

子曰:"賢者辟世, 其次辟地, 其次辟色, 其次辟言."

⑤ ChatGPT

공자가 말하였다. "어진 이는 먼저 세상을 피하고, 그다음은 그 지역을 피하며, 그다음은 부당한 표정을 피하고, 그다음은 부당한 말을 피한다."

❀ DEEPSEEK

공자가 말하였다. "현명한 사람은 세상을 피하고, 그다음은 땅을 피하고, 그다음은 얼굴을 피하고, 그다음은 말을 피한다."

子曰:"作者七人矣."

⑤ ChatGPT

공자가 말하였다. "은둔한 자들이 일곱 명이나 되는구나."

❀ DEEPSEEK

공자가 말하였다. "도道를 실천한 사람은 일곱 명이 있었다."

子路宿於石門. 晨門曰:"奚自?" 子路曰:"自孔氏." 曰:"是知其不可而爲之者與!"

⑤ ChatGPT

자로가 석문에서 묵었다.

아침에 문지기가 물었다. "어디서 오는가?"

자로가 대답하였다. "공자 문하에서 왔다."

문지기가 말하였다. "그분은 안 될 줄 알면서도 하는 분이 아니신가?"

🐋 DEEPSEEK

자로가 석문에서 묵었다.

새벽 문지기가 말하였다. "어디에서 오셨습니까?"

자로가 말하였다. "공자님께서 계신 곳에서 왔소."

문지기가 말하였다. "그분은 불가능한 것을 알면서도 하시는 분입니까?"

| **14-42** |

子擊磬於衛. 有荷蕢而過孔氏之門者, 曰:"有心哉! 擊磬乎." 旣而曰:
"鄙哉! 硜硜乎. 莫己知也, 斯已而已矣. 深則厲, 淺則揭." 子曰:"果哉!
末之難矣."

---

⑤ ChatGPT

공자가 위衛나라에서 경쇠를 두드리고 있었다. 그때 광주리를 짊어진 사람
이 공자의 문 앞을 지나며 말하였다. "마음이 있구나! 경을 치는 것이."

그러고는 곧 다시 말하였다. "우매하구나! 완고하기가 이를 데 없도다. 아무
도 자신을 알아주지 않으니, 이제 그만두는 것이 좋겠다. 물이 깊으면 헤엄
쳐 건너고, 얕으면 걷어서 건너면 되는 법이다."

공자가 말하였다. "과감하구나! 그것이 어려운 일이 아니로다."

🐋 DEEPSEEK

공자가 위衛나라에서 경쇠를 치고 있을 때, 광주리를 지고 공자의 문 앞을
지나가던 어떤 사람이 말하였다. "마음이 있어 보이는구나! 경쇠를 치는
것이."

그러고는 이어 말하였다. "속 좁구나! 고집스럽게만 들린다. 자신을 알아주는 이가 없다고 해서 그만둘 일인가? 물이 깊으면 옷을 걷고, 물이 얕으면 발을 들며 건너야 한다."

공자가 말하였다. "과연 그렇구나! 하지만 그렇게 하기는 쉽지 않다."

| 14-43 |

子張曰:"《書》云:'高宗諒陰, 三年不言.' 何謂也?" 子曰:"何必高宗? 古之人皆然. 君薨, 百官總己以聽於冢宰三年."

⑤ ChatGPT

자장이 물었다. "《서경》에 '고종이 상중에 있어 삼 년 동안 말하지 않았다.'라고 하였는데, 이것은 무엇을 의미합니까?"

공자가 말하였다. "고종만을 말할 필요가 있겠는가? 옛날 사람들은 모두 그러하였다. 임금이 서거하면, 모든 신하들은 자신을 낮추고 삼 년 동안 정사를 대행하는 총재의 지시에 따랐다."

🐋 DEEPSEEK

자장이 말하였다. "《서경》에 '고종이 상중에 있으면서 삼 년 동안 말하지 않았다.'고 했는데, 무슨 뜻입니까?"

공자가 말하였다. "어찌 고종뿐이겠는가? 옛사람들은 모두 그러했다. 군주가 죽으면, 백관들은 각자 맡은 바를 총괄하여 재상에게 삼 년 동안 듣는다."

| 14-44 |

子曰:"上好禮, 則民易使也."

ChatGPT

공자가 말하였다. "윗사람이 예禮를 좋아하면, 백성을 다스리기가 쉬워진다."

DEEPSEEK

공자가 말하였다. "윗사람이 예를 좋아하면, 백성들은 부리기 쉽다."

| 14-45 |

子路問君子. 子曰:"修己以敬." 曰:"如斯而已乎?" 曰:"修己以安人."
曰:"如斯而已乎?" 曰:"修己以安百姓. 修己以安百姓, 堯·舜其猶病
諸!"

ChatGPT

자로가 군자에 대해 물었다.

공자가 말하였다. "스스로를 닦아 공경함을 실천하는 것이다."

자로가 다시 물었다. "이것만으로 충분합니까?"

공자가 말하였다. "스스로를 닦아 타인을 편안하게 하는 것이다."

자로가 다시 물었다. "이것만으로 충분합니까?"

공자가 말하였다. "스스로를 닦아 백성을 편안하게 하는 것이다. 스스로를
닦아 백성을 편안하게 하는 일은 요堯와 순舜 같은 성군조차도 어려워한 일
이다!"

DEEPSEEK

자로가 군자에 대해 물었다.

공자가 말하였다. "스스로를 닦아 공경함을 다하라."

자로가 말하였다. "그러면 됩니까?"

공자가 말하였다. "스스로를 닦아 사람들을 편안하게 하라."

자로가 말하였다. "그러면 됩니까?"

공자가 말하였다. "스스로를 닦아 백성을 편안하게 하라. 스스로를 닦아 백성을 편안하게 하는 것은 요堯와 순舜도 오히려 어려워했을 것이다!"

原壤夷俟. 子曰："幼而不孫弟, 長而無述焉, 老而不死, 是爲賊." 以杖
叩其脛.

⑤ ChatGPT

원양이 예의 없이 흐트러진 자세로 앉아 있었다.

공자가 말하였다. "어릴 때 공손하지 않고, 장성해서도 전할 만한 업적이 없으며, 늙어서도 죽지 않는다면, 이는 도둑과 같다!"

그러고는 지팡이로 그의 정강이를 가볍게 쳤다.

🐋 DEEPSEEK

원양이 다리를 뻗고 앉아 있었다.

공자가 말하였다. "어렸을 때는 공손하지 않았고, 자라서는 칭찬할 만한 것이 없으며, 늙어서도 죽지 않으니, 이는 도둑이다."

그리고 지팡이로 그의 정강이를 쳤다.

闕黨童子將命. 或問之曰："益者與?" 子曰："吾見其居於位也, 見其與
先生竝行也. 非求益者也, 欲速成者也."

⑤ ChatGPT

궐당闕黨의 한 동자가 사명을 수행하려 하였다.

어떤 이가 공자에게 물었다. "그는 배움에 유익한 사람입니까?"

공자가 말하였다. "나는 그가 자리에 앉아 있는 모습을 보았고, 선생과 나란히 걷는 것을 보았노라. 그는 배움을 통해 참된 유익함을 구하는 사람이 아니라, 단지 빨리 성공하고자 하는 자일 뿐이다."

DEEPSEEK

궐당闕黨의 어린아이가 명을 전하러 왔다.

어떤 사람이 물었다. "이 아이는 배우는 자입니까?"

공자가 말하였다. "나는 그 아이가 자리에 앉아 있는 것을 보았고, 어른과 나란히 걸어가는 것을 보았다. 배우려는 아이가 아니라, 빨리 이루려는 아이이다."

15. 위령공 衛靈公

15-1

衛靈公問陳於孔子. 孔子對曰:"俎豆之事, 則嘗聞之矣;軍旅之事, 未
之學也." 明日遂行. 在陳絶糧, 從者病, 莫能興. 子路慍見曰:"君子亦
有窮乎?" 子曰:"君子固窮, 小人窮斯濫矣."

---

⑤ ChatGPT

위衛나라 영공이 공자에게 군사 문제를 물었다.

공자가 대답하였다. "제사와 예법에 관한 일은 들어본 적이 있으나, 군대 운
영에 관한 일은 배우지 못하였습니다."

다음날, 공자는 위나라를 떠났다.

공자가 진陳나라에서 식량이 끊겼다. 제자들이 병들어 일어나지 못하였다.

자로가 화가 나서 물었다. "군자도 이처럼 곤궁할 수 있습니까?"

공자가 말하였다. "군자는 곤궁해도 의지를 굳게 지키지만, 소인은 곤궁하
면 방자해진다."

❤ DEEPSEEK

위 영공이 공자에게 군대 배치에 대해 물었다.

공자가 대답하였다. "제사에 관한 일은 일찍이 들은 바가 있지만, 군대에 관
한 일은 배우지 못했습니다."

이튿날 공자는 떠났다.

진陳나라에서 식량이 떨어져 따르는 사람들이 병들어 일어나지 못하였다.

자로가 화가 나서 찾아와 말하였다. "군자도 궁핍할 수 있습니까?"

공자가 말하였다. "군자는 궁핍해도 굳건하지만, 소인은 궁핍하면 함부로

행동한다."

子曰：“賜也, 女以予爲多學而識之者與?” 對曰：“然, 非與?” 曰：“非也,
予一以貫之.”

ChatGPT

공자가 말하였다. "사賜(자공)야, 너는 내가 배움을 많이 쌓고 그것을 기억하
는 사람이라고 생각하느냐?"
자공이 대답하였다. "그렇지 않습니까?"
공자가 말하였다. "그렇지 않다. 나는 하나의 원리로 모든 것을 꿰뚫고 있을
뿐이다."

DEEPSEEK

공자가 말하였다. "사賜야, 네가 나를 많이 배우고 기억하는 자라고 생각하
느냐?"
자공이 대답하였다. "그렇습니다. 그렇지 않습니까?"
공자가 말하였다. "아니다. 나는 하나로 꿰뚫을 뿐이다."

子曰：“由, 知德者鮮矣.”

ChatGPT

공자가 말하였다. "유由(자로)야, 덕을 참되게 아는 사람이 드물다."

🐋 **DEEPSEEK**

공자가 말하였다. "유由야, 덕을 아는 자는 드물다."

| **15-4** |

子曰："無爲而治者, 其舜也與! 夫何爲哉? 恭己正南面而已矣."

⑤ **ChatGPT**

공자가 말하였다. "무위無爲로 나라를 다스린 이는 아마도 순舜이었을 것이다! 그가 무슨 일을 했겠는가? 다만 몸가짐을 공손히 하고 바르게 남쪽을 향해 앉아 있었을 뿐이다."

🐋 **DEEPSEEK**

공자가 말하였다. "아무런 행위 없이 다스린 자는 순舜임금일 것이다. 그가 무엇을 했겠는가? 자신을 공손히 하고 남쪽을 바라보며 앉아 있을 뿐이었다."

| **15-5** |

子張問行. 子曰："言忠信, 行篤敬, 雖蠻貊之邦, 行矣;言不忠信, 行不篤敬, 雖州里, 行乎哉? 立則見其參於前也, 在輿則見其倚於衡也, 夫然後行." 子張書諸紳.

⑤ **ChatGPT**

자장이 처신하는 방법에 대해 물었다.

공자가 말하였다. "말이 충실하고 신뢰할 만하며, 행동이 독실하고 공경스럽다면, 비록 만맥蠻貊과 같은 오랑캐 나라에서도 행할 수 있을 것이다. 그러나 말이 충실하지 않거나 신뢰할 수 없고, 행동이 독실하거나 공경스럽지 않다면, 같은 고을에서도 제대로 행할 수 있겠는가? 서 있을 때는 그것이 앞에 나타나고, 수레를 탈 때는 그것이 수레의 가로장에 기대어 있는 것처럼 보이니, 이와 같은 연후에야 행할 수 있는 것이다.”

자장은 이 말을 옷 띠에 적어두었다.

DEEPSEEK

자장이 행동에 대해 물었다.

공자가 말하였다. “말에 충실하고 믿음직하며, 행동에 독실하고 공경하면, 오랑캐 나라에서도 통할 것이다. 말에 충실하지 않고 믿음직하지 않으며, 행동에 독실하지 않고 공경하지 않으면, 고향에서도 통하겠는가? 서 있으면 그것이 앞에 있는 것을 보는 것 같고, 수레에 있으면 그것이 멍에에 기대어 있는 것을 보는 것 같아야 한다. 그런 후에야 행동할 수 있다.”

자장은 이를 허리띠에 적어두었다.

| **15-6** |

子曰: “直哉! 史魚. 邦有道如矢, 邦無道如矢. 君子哉! 蘧伯玉. 邦有道
則仕, 邦無道則可卷而懷之.”

ChatGPT

공자가 말하였다. “곧구나! 사어는. 나라에 도가 있을 때는 화살처럼 곧고, 나라에 도가 없을 때도 화살처럼 곧았다. 군자답구나! 거백옥은. 나라에 도가 있을 때는 벼슬하고, 나라에 도가 없을 때는 물러나 그 뜻을 간직하였다.”

DEEPSEEK

공자가 말하였다. “곧구나, 사어여! 나라에 도가 있으면 화살 같고, 나라에 도가 없어도 화살 같구나. 군자로구나, 거백옥이여! 나라에 도가 있으면 벼슬하고, 나라에 도가 없으면 말아서 품을 수 있구나.”

15-7

子曰:"可與言而不與之言, 失人;不可與言而與之言, 失言. 知者不失人, 亦不失言."

⟳ ChatGPT

공자가 말하였다. "말을 나눌 만한 사람에게 말하지 않으면, 그 사람을 잃는 것이고, 말을 나눌 수 없는 사람에게 말하면, 말을 잃는 것이다. 지혜로운 사람은 사람을 잃지도 않고, 말을 잃지도 않는다."

⟳ DEEPSEEK

공자가 말하였다. "말을 할 수 있는 사람과 말을 하지 않으면 사람을 잃는 것이요, 말을 할 수 없는 사람과 말을 하면 말을 잃는 것이다. 지혜로운 사람은 사람도 잃지 않고 말도 잃지 않는다."

15-8

子曰:"志士·仁人無求生以害仁, 有殺身以成仁."

⟳ ChatGPT

공자가 말하였다. "뜻있는 선비와 어진 사람은 삶을 구하다가 인仁을 해치는 일이 없으며, 오히려 목숨을 바쳐 인을 이루는 경우는 있다."

⟳ DEEPSEEK

공자가 말하였다. "뜻있는 선비와 어진 사람은 살기 위해 인仁을 해치지 않으며, 몸을 죽여서라도 인을 이루려 한다."

子貢問爲仁. 子曰:"工欲善其事, 必先利其器, 居是邦也, 事其大夫之
賢者, 友其士之仁者."

 ChatGPT

자공이 인仁을 실천하는 방법에 대해 물었다.

공자가 말하였다. "장인이 일을 잘하려면 반드시 먼저 그 연장을 날카롭게
해야 한다. 어느 나라에 살든지, 그 나라의 어진 대부를 섬기고, 어진 선비와
벗해야 한다."

DEEPSEEK

자공이 인仁을 행하는 방법을 물었다.

공자가 말하였다. "장인이 일을 잘하려면 반드시 그 도구를 날카롭게 해야
한다. 한 나라에 살면서 그 나라의 어진 대부를 섬기고, 어진 선비와 친구가
되어야 한다."

顏淵問爲邦. 子曰:"行夏之時, 乘殷之輅, 服周之冕, 樂則韶舞. 放鄭
聲, 遠佞人. 鄭聲淫, 佞人殆."

ChatGPT

안연이 나라를 다스리는 방법에 대해 물었다.

공자가 말하였다. "하夏나라의 역법을 따르고, 은殷나라의 수레를 타며, 주周
나라의 예복을 입고, 음악은 소무韶舞를 연주해야 한다. 정鄭나라의 음악은
버리고, 아첨하는 사람을 멀리해야 한다. 정나라 음악은 방탕하고, 아첨하
는 자는 나라를 위태롭게 한다."

DEEPSEEK

안연이 나라를 다스리는 방법을 물었다.

공자가 말하였다. "하夏나라의 역법을 쓰고, 은나라의 수레를 타고, 주나라의 관을 쓰며, 음악은 소무韶舞를 사용하라. 정나라의 음악을 버리고, 아첨하는 자를 멀리하라. 정나라의 음악은 음란하고, 아첨하는 자는 위태롭다."

| 15-11

子曰:"人無遠慮, 必有近憂."

ChatGPT

공자가 말하였다. "사람이 먼 앞날을 생각하지 않으면, 반드시 가까운 근심이 닥친다."

DEEPSEEK

공자가 말하였다. "사람이 먼 앞날을 생각하지 않으면 반드시 가까운 근심이 생긴다."

| 15-12

子曰:"已矣乎! 吾未見好德如好色者也."

ChatGPT

공자가 말하였다. "안타깝구나! 나는 덕을 좋아하기를 여색女色을 좋아하듯 하는 사람을 아직 보지 못하였다."

DEEPSEEK

공자가 말하였다. "아, 끝났구나! 나는 덕을 좋아하기를 여색女色을 좋아하는 것처럼 하는 사람을 보지 못했다."

子曰：“臧文仲其竊位者與! 知柳下惠之賢而不與立也.”

⑤ ChatGPT

공자가 말하였다. "장문중은 참으로 지위를 훔친 자가 아니겠는가! 유하혜의 어짊을 알면서도 그를 등용하지 않았으니."

🐋 DEEPSEEK

공자가 말하였다. "장문중은 그 자리를 훔친 자인가? 유하혜의 어짊을 알면서도 그를 등용하지 않았으니."

子曰：“躬自厚而薄責於人, 則遠怨矣.”

⑤ ChatGPT

공자가 말하였다. "스스로에게는 엄격히 하고, 남을 책망하는 데는 관대하다면, 원망을 멀리하게 될 것이다."

🐋 DEEPSEEK

공자가 말하였다. "자신에게는 엄격하고 남에게는 관대하면 원망을 멀리할 수 있다."

15-15

子曰:"不曰'如之何,如之何'者,吾末如之何也已矣."

⑤ ChatGPT

공자가 말하였다. "'어찌할까, 어찌할까?' 하고 고민하지 않는 사람은 나도 정말 어찌할 도리가 없구나!"

✨ DEEPSEEK

공자가 말하였다. "'어떻게, 어떻게'라고 말하지 않는 자에게는 나도 어떻게 할 수 없다."

15-16

子曰:"群居終日, 言不及義, 好行小慧, 難矣哉!"

⑤ ChatGPT

공자가 말하였다. "여럿이 모여 하루 종일 이야기를 나누면서도 의로운 말은 하지 않고, 잔재주 부리기를 좋아한다면, 참으로 곤란하다."

✨ DEEPSEEK

공자가 말하였다. "여럿이 하루 종일 모여 있어도 말이 의리에 미치지 못하고, 작은 지혜를 부리는 것을 좋아하면 어려운 일이다."

15-17

子曰:"君子義以爲質, 禮以行之, 孫以出之, 信以成之, 君子哉!"

ChatGPT

공자가 말하였다. "군자는 의義를 근본으로 삼고, 예禮로 이를 실천하며, 공손함으로 표현하고, 신의로 이를 완성한다. 이야말로 군자다운 모습이다!"

DEEPSEEK

공자가 말하였다. "군자는 의로움을 바탕으로 하고, 예로써 행하며, 겸손으로 나타내고, 믿음으로 이루어낸다. 군자로다!"

| 15-18 |

子曰:"君子病無能焉, 不病人之不己知也."

ChatGPT

공자가 말하였다. "군자는 자신이 무능함을 걱정할 뿐, 남이 자기를 알아주지 않는 것을 걱정하지 않는다."

DEEPSEEK

공자가 말하였다. "군자는 능력이 없는 것을 걱정할 뿐, 남이 자기를 알아주지 않는 것을 걱정하지 않는다."

| 15-19 |

子曰:"君子疾沒世而名不稱焉."

ChatGPT

공자가 말하였다. "군자는 세상을 떠난 뒤에도 이름이 드러나지 않는 것을 근심한다."

 DEEPSEEK
공자가 말하였다. "군자는 죽은 후에 이름이 알려지지 않는 것을 걱정한다."

| 15-20 |

子曰: "君子求諸己, 小人求諸人."

ChatGPT
공자가 말하였다. "군자는 자기 자신에게서 원인을 찾고, 소인은 남에게서
원인을 찾는다."

DEEPSEEK
공자가 말하였다. "군자는 자신에게서 찾고, 소인은 남에게서 찾는다."

| 15-21 |

子曰: "君子矜而不爭, 群而不黨."

ChatGPT
공자가 말하였다. "군자는 의연하지만 다투지 않고, 무리를 이루지만 파벌
을 만들지 않는다."

DEEPSEEK
공자가 말하였다. "군자는 엄격하지만 다투지 않고, 무리를 이루지만 편당
하지 않는다."

| 15-22 |

子曰:"君子不以言擧人, 不以人廢言."

⑤ ChatGPT

공자가 말하였다. "군자는 말만 듣고 사람을 등용하지 않으며, 사람을 미워한다고 해서 그의 말을 배척하지 않는다."

❤ DEEPSEEK

공자가 말하였다. "군자는 말로써 사람을 추천하지 않고, 사람으로 인해 말을 버리지 않는다."

| 15-23 |

子貢問曰:"有一言而可以終身行之者乎?" 子曰:"其恕乎! 己所不欲, 勿施於人."

⑤ ChatGPT

자공이 물었다. "한마디 말로 평생 실천할 수 있는 것이 있습니까?"

공자가 말하였다. "아마도 '서恕'일 것이다. 자기가 원하지 않는 것을 남에게 베풀지 말라."

❤ DEEPSEEK

자공이 물었다. "한마디 말로 평생 행할 수 있는 것이 있습니까?"

공자가 말하였다. "그것은 서恕일 것이다. 자신이 원하지 않는 것을 남에게 베풀지 말라."

| 15-24 |

子曰：“吾之於人也, 誰毀誰譽? 如有所譽者, 其有所試矣. 斯民也, 三代之所以直道而行也.”

⑤ ChatGPT

공자가 말하였다. “내가 사람을 대함에 있어, 누구를 헐뜯고 누구를 칭찬하겠는가? 만약 내가 칭찬한 사람이 있다면, 그는 반드시 시험을 거친 사람일 것이다. 이 백성들이야말로 삼대三代(하夏, 상商, 주周) 시대에 바른 도를 실천할 수 있었던 이유이다.”

⑥ DEEPSEEK

공자가 말하였다. “나는 사람에 대해 누구를 비방하고 누구를 칭찬했는가? 만일 칭찬한 사람이 있다면, 그에게는 반드시 시험(검증)이 있었을 것이다. 이러한 백성들이 바로 삼대(하, 은, 주)가 바른 도道로 나아갈 수 있었던 이유이다.”

| 15-25 |

子曰：“吾猶及史之闕文也, 有馬者借人乘之, 今亡矣夫!”

⑤ ChatGPT

공자가 말하였다. “나는 예전에 사관史官이 빠진 부분을 함부로 보충하지 않는 것을 볼 수 있었고, 말을 가진 사람이 남에게 그 말을 빌려 타게 해주는 것도 볼 수 있었다. 그러나 지금은 모두 사라지고 말았구나!”

⑥ DEEPSEEK

공자가 말하였다. “나는 옛 역사 기록에서 빠진 부분을 보았고, 말이 있는 사람이 다른 사람에게 말을 빌려 타게 하던 풍습도 보았다. 그러나 지금은 그러한 것들이 사라졌구나!"

| 15-26 |

子曰:"巧言亂德, 小不忍則亂大謀."

ChatGPT

공자가 말하였다. "교묘한 말은 덕을 어지럽히고, 작은 일을 참지 못하면 큰 계획을 망친다."

DEEPSEEK

공자가 말하였다. "교묘한 말은 덕을 어지럽힌다. 작은 일을 참지 못하면 큰 계획을 어지럽힌다."

| 15-27 |

子曰:"衆惡之, 必察焉;衆好之, 必察焉."

ChatGPT

공자가 말하였다. "많은 사람들이 미워하는 사람이라도 반드시 살펴보아야 하며, 많은 사람들이 좋아하는 사람이라도 반드시 살펴보아야 한다."

DEEPSEEK

공자가 말하였다. "많은 사람이 미워하더라도 반드시 살펴보아야 하고, 많은 사람이 좋아하더라도 반드시 살펴보아야 한다."

| 15-28 |

子曰：“人能弘道, 非道弘人.”

⑤ChatGPT

공자가 말하였다. “사람이 도道를 넓히는 것이지, 도가 사람을 넓히는 것이
아니다.”

DEEPSEEK

공자가 말하였다. “사람이 도를 크게 할 뿐, 도가 사람을 크게 하는 것은 아
니다.”

| 15-29 |

子曰：“過而不改, 是謂過矣.”

⑤ChatGPT

공자가 말하였다. “허물을 범하고도 고치지 않는 것, 이것이 진정한 허물이다.”

DEEPSEEK

공자가 말하였다. “잘못을 고치지 않는 것을 진정한 잘못이라 한다.”

| 15-30 |

子曰：“吾嘗終日不食, 終夜不寢, 以思, 無益, 不如學也.”

⑤ChatGPT

공자가 말하였다. “내가 일찍이 온종일 먹지 않고, 밤새 잠을 자지 않으며 깊
이 생각해보았으나, 아무런 소득이 없었다. 차라리 배우는 것만 못하더라.”

15. 위령공衛靈公 · 253

DEEPSEEK
공자가 말하였다. "나는 하루 종일 먹지 않고, 밤새 잠들지 않고 생각해보았으나 소용이 없었다. 배우는 것만 못하다."

| 15-31

子曰: "君子謀道, 不謀食. 耕也, 餒在其中矣; 學也, 祿在其中矣. 君子憂道, 不憂貧."

ChatGPT
공자가 말하였다. "군자는 도道를 도모할 뿐, 먹고사는 문제를 도모하지 않는다. 농사를 지어도 굶주림이 따를 수 있지만, 배움을 닦으면 녹祿이 그 안에 있다. 군자는 도를 걱정할 뿐, 가난을 걱정하지 않는다."

DEEPSEEK
공자가 말하였다. "군자는 도를 꾀할 뿐 먹는 것을 꾀하지 않는다. 밭을 갈아도 굶주림이 그 안에 있고, 배우면 녹봉이 그 안에 있다. 군자는 도를 걱정할 뿐 가난을 걱정하지 않는다."

| 15-32

子曰: "知及之, 仁不能守之, 雖得之, 必失之; 知及之, 仁能守之, 不莊以涖之, 則民不敬; 知及之, 仁能守之, 莊以涖之, 動之不以禮, 未善也."

ChatGPT
공자가 말하였다. "지혜로써 도道를 깨달을 수 있어도, 어진 마음으로 그것을 지키지 못한다면, 비록 얻었다 해도 반드시 잃게 될 것이다. 지혜로 도를 깨닫고, 어진 마음으로 그것을 지킬 수 있어도, 엄숙함으로 다스리지 않으면, 백성들이 공경하지 않을 것이다. 지혜로 도를 깨닫고, 어진 마음으로 그것을 지키며, 엄숙함으로 다스릴 수 있어도, 그 움직임이 예禮에 맞지 않다면, 아직 온전한 것은 아니다."

✦ DEEPSEEK

공자가 말하였다. "지혜로 얻었더라도 인仁으로 지키지 못하면 비록 얻었더라도 반드시 잃을 것이다. 지혜로 얻고 인으로 지켰더라도 엄숙하게 임하지 않으면 백성이 공경하지 않을 것이다. 지혜로 얻고 인으로 지키며 엄숙하게 임하더라도 예禮로써 움직이지 않으면 아직 좋지 못하다."

| 15-33 |

子曰:"君子不可小知而可大受也, 小人不可大受而可小知也."

⑤ ChatGPT

공자가 말하였다. "군자는 작은 일로는 그릇을 알 수 없으나 큰 일을 맡길 수 있고, 소인은 큰 일을 맡길 수는 없으나 작은 일로는 알 수 있다."

✦ DEEPSEEK

공자가 말하였다. "군자는 작은 일로는 알 수 없으나 큰 일을 맡길 수 있고, 소인은 큰 일을 맡길 수 없으나 작은 일로는 알 수 있다."

| 15-34 |

子曰:"民之於仁也, 甚於水火. 水火, 吾見蹈而死者矣, 未見蹈仁而死者也."

⑤ ChatGPT

공자가 말하였다. "백성에게 인仁은 물과 불보다 더 중요하다. 나는 물이나 불에 뛰어들어 죽는 사람은 보았지만, 인을 실천하다가 죽는 사람은 아직 보지 못했다."

DEEPSEEK

공자가 말하였다. "백성은 인仁을 물과 불보다 더 중요하게 여긴다. 물과 불은 그것을 밟아 죽는 자를 보았지만, 인을 밟아 죽는 자는 보지 못했다."

| 15-35 |

子曰:"當仁, 不讓於師."

⑤ ChatGPT

공자가 말하였다. "인仁을 실천할 때에는 스승에게도 양보하지 않는다."

DEEPSEEK

공자가 말하였다. "인仁에 이르러서는 스승에게도 양보하지 않는다."

| 15-36 |

子曰:"君子貞而不諒."

⑤ ChatGPT

공자가 말하였다. "군자는 곧지만 무턱대고 믿지는 않는다."

DEEPSEEK

공자가 말하였다. "군자는 곧으나 고집스럽지 않다."

15-37

子曰：“事君, 敬其事而後其食.”

ⓢ ChatGPT

공자가 말하였다. "임금을 섬길 때는 맡은 일을 공경히 하고, 녹祿은 나중에
고려해야 한다."

DEEPSEEK

공자가 말하였다. "임금을 섬길 때는 그 일을 공경히 하고, 그 보수는 뒤로
미룬다."

15-38

子曰：“有敎無類.”

ⓢ ChatGPT

공자가 말하였다. "가르침에는 사람을 가리지 않는다."

DEEPSEEK

공자가 말하였다. "가르침에는 차별이 없다."

15-39

子曰：“道不同, 不相爲謀.”

ⓢ ChatGPT

공자가 말하였다. "도道가 다르면 서로 도모하지 않는다."

◆ DEEPSEEK

공자가 말하였다. "도道가 같지 않으면 함께 꾀하지 않는다."

| 15-40 |

子曰:"辭達而已矣."

⑤ ChatGPT

공자가 말하였다. "말은 뜻을 전달할 수 있으면 그만이다."

◆ DEEPSEEK

공자가 말하였다. "말은 뜻만 전하면 그만이다."

| 15-41 |

師冕見, 及階, 子曰:"階也." 及席, 子曰:"席也." 皆坐, 子告之曰:"某在斯, 某在斯." 師冕出, 子張問曰:"與師言之道與?" 子曰:"然. 固相師之道也."

⑤ ChatGPT

악사樂師 면冕이 공자를 찾아왔을 때, 계단에 이르자 공자가 말하였다. "여기가 계단입니다."

자리에 이르자 공자가 말하였다. "여기가 자리입니다."

모두 앉자, 공자가 그에게 일일이 소개하며 말하였다. "이 사람이 여기 있고, 저 사람이 저기 있습니다."

악사 면이 나간 뒤, 자장이 물었다. "악사에게 이렇게 말하는 것이 바른 태도입니까?"

공자가 말하였다. "그렇다. 원래 악사를 대할 때는 이와 같이 해야 한다."

ⓓ DEEPSEEK

악사樂師인 면冕이 공자를 만나러 왔다. 계단에 이르자 공자가 말하였다. "계단입니다."

자리에 이르자 공자가 말하였다. "자리입니다."

모두 앉자 공자가 그에게 말하였다. "누구는 여기에 있고, 누구는 여기에 있습니다."

면이 나가자 자장이 물었다. "악사와 말하는 도리입니까?"

공자가 말하였다. "그렇다. 본래 악사를 도와주는 도리이다."

16. 계씨季氏

| 16-1 |

季氏將伐顓臾. 冉有·季路見於孔子曰:"季氏將有事於顓臾." 孔子曰:
"求! 無乃爾是過與? 夫顓臾, 昔者先王以爲東蒙主, 且在邦域之中矣,
是社稷之臣也. 何以伐爲?" 冉有曰:"夫子欲之, 吾二臣者皆不欲也."
孔子曰:"求! 周任有言曰:'陳力就列, 不能者止.' 危而不持, 顛而不扶,
則將焉用彼相矣? 且爾言過矣, 虎兕出於柙, 龜玉毀於櫝中, 是誰之
過與?" 冉有曰:"今夫顓臾固而近於費, 今不取, 後世必爲子孫憂." 孔
子曰:"求! 君子疾夫舍曰欲之而必爲之辭. 丘也聞有國有家者不患寡
而患不均, 不患貧而患不安. 蓋均無貧, 和無寡, 安無傾. 夫如是, 故遠
人不服, 則修文德以來之, 旣來之, 則安之. 今由與求也, 相夫子, 遠人
不服, 而不能來也;邦分崩離析, 而不能守也, 而謀動干戈於邦內. 吾
恐季孫之憂, 不在顓臾, 而在蕭牆之內也."

---

⑤ ChatGPT

계씨가 전유를 정벌하려 하였다.

염유와 계로가 공자를 찾아뵙고 말하였다. "계씨가 전유를 공격하려 합니다."
공자가 말하였다. "구求(염유)야! 이것은 너의 잘못이 아니겠느냐? 전유는 옛
날 선왕先王께서 동몽東蒙의 주인으로 삼으셨으며, 또한 우리나라 영토 안에
있으며, 사직을 지키는 신하인데, 어찌하여 그것을 공격하려 하는가?"

염유가 대답하였다. "저희 주군께서 원하시는 일이지만, 저와 자로 두 사람
은 원하지 않습니다."

공자가 말하였다. "구야! 주임이 이런 말을 하였다. '힘이 있으면 직분을 다

하고, 힘이 없으면 물러나야 한다.' 위태로운데도 붙들어주지 않고, 넘어지려 하는데도 붙잡아주지 않는다면, 그 직분을 무엇에 쓰겠느냐? 그리고 너의 말도 지나쳤다. 호랑이나 코뿔소가 우리에서 나가고, 거북이나 옥이 상자 안에서 깨졌다면, 그 책임은 누구에게 있겠느냐?"

염유가 말하였다. "지금 전유는 견고하고 또 비費 땅과 가까이 있습니다. 지금 취하지 않는다면, 후세에 반드시 우리 자손의 근심거리가 될 것입니다."

공자가 말하였다. "구야! 군자는 '하고 싶다'면서 그것을 정당화할 핑계를 만드는 것을 싫어한다. 나는 이렇게 들었다. '나라를 가진 자나 가정을 가진 자는 백성이 적음을 걱정하지 않고 고르지 못함을 걱정하며, 가난을 걱정하지 않고 불안함을 걱정한다.' 공평하면 가난하지 않고, 화합하면 인구가 적지 않으며, 안정되면 나라가 기울지 않는다. 이렇게 하면 먼 나라 사람들이 복종하지 않더라도 문덕文德을 닦아 그들을 오게 하고, 이미 왔으면 편안하게 해주어야 한다. 그런데 지금 유由(자로)와 구, 너희 둘은 주군을 보좌하면서도 먼 나라 사람들이 복종하지 않는데도 오게 하지 못하고, 나라가 분열되고 기울어가는데도 지켜내지 못하면서, 오히려 나라 안에서 전쟁을 일으키려 하고 있다. 나는 두렵구나. 계손의 걱정거리는 전유가 아니라, 오히려 소장蕭牆 안에 있을 것이다."

DEEPSEEK

계씨가 전유를 정벌하려 하였다.

염유와 계로가 공자를 뵙고 말하였다. "계씨가 전유에 대해 군사 행동을 하려 합니다."

공자가 말하였다. "구求야! 이것이 네 허물이 아니겠는가? 전유는 옛날 선왕이 동몽산東蒙山의 주인으로 삼으셨고, 또 우리나라 영토 안에 있으니, 이는 사직의 신하이다. 어찌하여 정벌하려 하는가?"

염유가 말하였다. "저희 선생님이 원하시니, 저희 두 신하는 원치 않습니다."

공자가 말하였다. "구야! 주임이 말하기를, '힘을 다하여 자리에 나아가고, 능력이 없으면 그만두라.' 하였다. 위태로움을 붙들어주지 않고, 넘어질 때 부축하지 않는다면, 어찌 그 보좌를 쓰겠는가? 또 네 말이 잘못되었다. 호랑이와 들소가 우리에서 나오고, 거북이와 옥이 상자 안에서 망가졌다면, 이것이 누구의 허물이겠는가?"

염유가 말하였다. "지금 전유는 성이 견고하고 비성費城과 가깝습니다. 지금 취하지 않으면 후세에 반드시 자손들의 근심이 될 것입니다."

공자가 말하였다. "구야! 군자는 하고 싶다고 말하지 않고 반드시 핑계를 대는 것을 싫어한다. 내가 듣기로 나라와 집안을 가진 자는 적음을 걱정하지 않고 고르지 못함을 걱정하며, 가난을 걱정하지 않고 안정되지 못함을 걱정한다고 한다. 고르면 가난이 없고, 화합하면 적음이 없으며, 안정되면 기울어짐이 없다. 이와 같으니, 먼 곳의 사람들이 복종하지 않으면 문덕文德을 닦아 그들을 오게 한다. 이미 오게 하면 그들을 편안히 한다. 지금 유由와 구야, 너희는 선생을 보좌하면서 먼 곳의 사람들이 복종하지 않아도 오게 하지 못하고, 나라가 분열되어도 지키지 못하며, 오히려 나라 안에서 전쟁을 꾀하고 있다. 나는 계손의 근심이 전유에 있는 것이 아니라, 궁궐 안에 있을까 두렵다."

16-2

孔子曰: "天下有道, 則禮樂·征伐自天子出; 天下無道, 則禮樂·征伐自諸侯出. 自諸侯出, 蓋十世希不失矣; 自大夫出, 五世希不失矣; 陪臣執國命, 三世希不失矣. 天下有道, 則政不在大夫; 天下有道, 則庶人不議."

⑤ ChatGPT

공자가 말하였다. "천하에 도道가 있으면, 예악禮樂·정벌征伐은 모두 천자에게서 나온다. 그러나 천하에 도가 없으면, 예악·정벌이 제후에게서 나오게 된다. 예악·정벌이 제후에게서 나오면, 열 세대를 넘기지 못하고 나라를 잃는 경우가 드물지 않으며, 대부에게서 나오면, 다섯 세대를 넘기지 못하고 나라를 잃는 경우가 드물지 않다. 신하의 신하가 나라의 명령을 쥐게 되면, 세 세대를 넘기지 못하고 나라를 잃는 경우가 드물지 않다. 천하에 도가 있으면, 정치는 대부에게 있지 않으며, 천하에 도가 있으면, 서민들이 나라의 정사政事를 논하지 않는다."

DEEPSEEK

공자가 말하였다. "천하에 도가 있으면 예악과 정벌이 천자로부터 나오고, 천하에 도가 없으면 예악과 정벌이 제후로부터 나온다. 제후로부터 나오면 대개 십 세를 넘기지 못하고, 대부로부터 나오면 오 세를 넘기지 못하며, 배신陪臣이 나라의 명령을 잡으면 삼 세를 넘기지 못한다. 천하에 도가 있으면 정권이 대부에게 있지 않다. 천하에 도가 있으면 서민들이 의논하지 않는다."

| 16-3 |

孔子曰：“祿之去公室五世矣, 政逮於大夫四世矣, 故夫三桓之子孫 微矣.”

ChatGPT

공자가 말하였다. "녹祿이 공실公室을 떠난 지 다섯 세대가 되었고, 정사가 대부에게로 넘어간 지 네 세대가 되었다. 그러므로 삼환三桓(계손씨, 맹손씨, 숙손씨)의 자손들은 결국 미약해질 것이다."

DEEPSEEK

공자가 말하였다. "녹祿이 공실公室에서 떠난 지 오 세가 되었고, 정권이 대부에게 이른 지 사 세가 되었으니, 그러므로 삼환의 자손들이 쇠미해졌다."

孔子曰:"益者三友, 損者三友. 友直, 友諒, 友多聞, 益矣;友便辟, 友善柔, 友便佞, 損矣."

⑤ ChatGPT

공자가 말하였다. "이로운 벗 세 가지가 있고, 해로운 벗 세 가지가 있다. 정직한 사람을 벗 삼고, 성실하고 신의 있는 사람을 벗 삼으며, 박학다식한 사람을 벗 삼으면, 유익하다. 아첨하고 비굴한 사람을 벗 삼고, 겉으로만 부드럽고 속이 진실하지 않은 사람을 벗 삼으며, 말재주만 좋은 사람을 벗 삼으면, 해롭다."

⑥ DEEPSEEK

공자가 말하였다. "이로운 벗이 셋이 있고, 해로운 벗이 셋이 있다. 곧은 벗, 신의 있는 벗, 많이 아는 벗은 이롭다. 아첨하는 벗, 꾸밈이 많은 벗, 말만 잘하는 벗은 해롭다."

孔子曰:"益者三樂, 損者三樂. 樂節禮樂, 樂道人之善, 樂多賢友, 益矣;樂驕樂, 樂佚遊, 樂宴樂, 損矣."

⑤ ChatGPT

공자가 말하였다. "이로운 즐거움 세 가지가 있고, 해로운 즐거움 세 가지가 있다. 예악禮樂을 절도 있게 즐기고, 남의 선한 행실을 기뻐하며, 어진 벗을 많이 두는 것을 즐기면, 유익하다. 교만한 태도를 즐기고, 쾌락과 방종을 즐기며, 술과 연회를 지나치게 즐기면, 해롭다."

❄ DEEPSEEK

공자가 말하였다. "이로운 즐거움이 셋이 있고, 해로운 즐거움이 셋이 있다. 예악을 절제하는 즐거움, 남의 선을 말하는 즐거움, 현명한 벗이 많은 즐거움은 이롭다. 교만한 즐거움, 방탕한 놀이, 연회의 즐거움은 해롭다."

| 16-6 |

孔子曰:"侍於君子有三愆:言未及之而言謂之躁, 言及之而不言謂之隱, 未見顏色而言謂之瞽."

⑤ ChatGPT

공자가 말하였다. "군자를 모실 때 세 가지 잘못이 있다. 아직 때가 되지 않았는데 말을 하면 조급한 것이고, 때가 되었는데도 말하지 않으면 숨기는 것이며, 상대의 얼굴빛을 살피지 않고 말하면 눈먼 것과 같다."

❄ DEEPSEEK

공자가 말하였다. "군자를 모실 때 세 가지 허물이 있다. 말할 때가 되지 않았는데 말하는 것을 조급함이라 하고, 말할 때가 되었는데도 말하지 않는 것을 숨김이라 하며, 얼굴빛을 보지 않고 말하는 것을 장님이라 한다."

| 16-7 |

孔子曰:"君子有三戒:少之時, 血氣未定, 戒之在色;及其壯也, 血氣方剛, 戒之在鬪;及其老也, 血氣既衰, 戒之在得."

ChatGPT

공자가 말하였다. "군자에게는 세 가지 경계할 것이 있다. 젊을 때는 혈기가 안정되지 않았으므로, 여색女色을 경계해야 한다. 장년이 되면 혈기가 왕성하므로, 싸움을 경계해야 한다. 늙어서는 혈기가 쇠퇴하므로, 이익을 탐하는 것을 경계해야 한다."

DEEPSEEK

공자가 말하였다. "군자에게 세 가지 경계할 것이 있다. 젊을 때는 혈기가 안정되지 않았으니, 여색을 경계해야 하고, 장년이 되면 혈기가 강해지니, 싸움을 경계해야 하며, 늙어서는 혈기가 이미 쇠퇴하니, 탐욕을 경계해야 한다."

16-8

孔子曰:"君子有三畏:畏天命, 畏大人, 畏聖人之言. 小人不知天命而 不畏也, 狎大人, 侮聖人之言."

ChatGPT

공자가 말하였다. "군자에게는 세 가지 두려워할 것이 있다. 하늘의 명을 두려워하고, 지위 높은 이를 두려워하며, 성인의 말씀을 두려워한다. 그러나 소인은 하늘의 명을 알지 못하여 두려워하지 않고, 지위 높은 이를 가볍게 여기며, 성인의 말씀을 업신여긴다."

DEEPSEEK

공자가 말하였다. "군자에게 세 가지 두려워할 것이 있다. 천명을 두려워하고, 대인을 두려워 하며, 성인의 말씀을 두려워한다. 소인은 천명을 알지 못하므로 두려워하지 않고, 대인을 함부로 대하며, 성인의 말씀을 업신여긴다."

| 16-9 |

孔子曰:"生而知之者上也, 學而知之者次也, 困而學之又其次也. 困
而不學, 民斯爲下矣."

⑤ ChatGPT

공자가 말하였다. "태어나면서부터 아는 사람은 가장 뛰어난 사람이고, 배
워서 아는 사람은 그다음이며, 어려움을 겪고 나서 배우는 사람은 또 그다
음이다. 그러나 어려움을 겪고도 배우지 않는 사람은 백성 가운데 가장 하
층이다."

❤ DEEPSEEK

공자가 말하였다. "태어나면서 아는 사람은 상등이고, 배워서 아는 사람은
그다음이며, 어려움을 당해 배우는 사람은 또 그다음이다. 어려움을 당해도
배우지 않는 사람은 백성 중에서 가장 낮은 자이다."

| 16-10 |

孔子曰:"君子有九思:視思明, 聽思聰, 色思溫, 貌思恭, 言思忠, 事思
敬, 疑思問, 忿思難, 見得思義."

⑤ ChatGPT

공자가 말하였다. "군자에게는 아홉 가지 깊이 생각할 것이 있다. 볼 때는 밝
게 볼 것을 생각하고, 들을 때는 또렷하게 들을 것을 생각하며, 얼굴빛은 온
화하게 할 것을 생각하고, 용모는 공손할 것을 생각하며, 말은 충실할 것을
생각하고, 일은 정중하게 할 것을 생각하며, 의심이 들면 질문할 것을 생각
하고, 분노할 때는 앞으로 닥칠 어려움을 생각하며, 이득을 보면 의로운지
생각해야 한다."

DEEPSEEK

공자가 말하였다. "군자에게 아홉 가지 생각이 있다. 볼 때는 밝음을 생각하고, 들을 때는 귀 기울임을 생각하며, 얼굴빛은 온화함을 생각하고, 모습은 공손함을 생각하며, 말은 충성됨을 생각하고, 일은 공경함을 생각하며, 의심스러울 때는 물음을 생각하고, 분노할 때는 어려움을 생각하며, 이익을 볼 때는 의로움을 생각한다."

| 16-11 |

孔子曰:"見善如不及, 見不善如探湯, 吾見其人矣, 吾聞其語矣;隱居以求其志, 行義以達其道, 吾聞其語矣, 未見其人也."

ChatGPT

공자가 말하였다. "선善을 보면 미치지 못할까 두려워하고, 불선不善을 보면 뜨거운 물에 손을 대듯 피하는 사람을 나는 본 적이 있으며, 그러한 말을 들은 적도 있다. 숨어 지내며 자신의 뜻을 구하고, 의리를 행하여 도를 이루는 사람에 대해서는 나는 그 말을 들었지만, 그 사람을 아직 본 적은 없다."

DEEPSEEK

공자가 말하였다. "선善을 보면 따라가지 못할까 봐 서두르고, 불선不善을 보면 끓는 물을 만지는 것처럼 피하는 사람을 나는 보았고, 그 말도 들었다. 은둔하여 자신의 뜻을 이루고, 의義를 행하여 도道를 이루려는 말도 들었지만, 그러한 사람은 아직 보지 못했다."

齊景公有馬千駟, 死之日, 民無德而稱焉;伯夷·叔齊餓于首陽之下,
民到于今稱之. 其斯之謂與?

⑤ ChatGPT

제齊나라 경공은 천 사駟의 말을 가졌으나, 죽은 뒤에는 백성이 그의 덕을 칭
송하지 않았다. 반면, 백이와 숙제는 수양산首陽山 아래에서 굶어 죽었으나,
백성들은 지금까지도 그들을 칭송하고 있다. 이것이 바로 그런 경우를 말하
는 것이 아니겠는가?

🐋 DEEPSEEK

제齊나라 경공은 말 네 필씩 끄는 천 대의 마차를 소유했지만, 죽는 날에 백
성들이 그를 칭송할 만한 덕이 없었다. 백이와 숙제는 수양산首陽山 아래에
서 굶어 죽었지만, 백성들은 지금까지 그들을 칭송한다. 이것이 바로 그 말
이 아니겠는가?

陳亢問於伯魚曰:"子亦有異聞乎?"對曰:"未也. 嘗獨立, 鯉趨而過庭,
曰:'學詩乎?'對曰:'未也.' '不學詩, 無以言.' 鯉退而學詩. 他日, 又獨
立, 鯉趨而過庭, 曰:'學禮乎?'對曰:'未也.' '不學禮, 無以立.' 鯉退而
學禮. 聞斯二者." 陳亢退而喜曰:"問一得三, 聞詩, 聞禮, 又聞君子之
遠其子也."

⑤ ChatGPT

진항이 백어에게 물었다. "그대도 남다른 가르침을 들은 것이 있는가?"
백어가 대답하였다. "아직 없습니다. 예전에 아버지(공자)께서 홀로 서 계셨

는데, 제가 뜰을 급히 지나가자 아버지께서 말씀하셨습니다. '시詩를 배웠느냐?' 제가 '아직 배우지 않았습니다.'라고 대답하자, '시를 배우지 않으면, 말을 제대로 할 수 없다.'라고 하셨습니다. 그래서 저는 물러나 시를 배웠습니다. 다른 날, 다시 아버지께서 홀로 서 계셨는데, 제가 뜰을 급히 지나가자 아버지께서 말씀하셨습니다. '예禮를 배웠느냐?' 제가 '아직 배우지 않았습니다.'라고 대답하자, '예를 배우지 않으면, 설 수 없다.'라고 하셨습니다. 그래서 저는 물러나 예를 배웠습니다. 저는 이 두 가지만 들었습니다."

진항이 물러나 기뻐하며 말하였다. "한 가지를 물었는데, 세 가지를 얻었구나! 시를 배워야 하고, 예를 배워야 하며, 군자는 자기 자식에게도 특별한 가르침을 주지 않는다는 것도 알게 되었구나!"

◆ DEEPSEEK

진항이 백어에게 물었다. "그대도 특별히 들은 말씀이 있습니까?"

백어가 대답하였다. "없습니다. 하루는 홀로 서 계셨는데, 제가 뜰을 지나가자 말씀하셨습니다. '시를 배웠느냐?' 제가 대답했습니다. '아직입니다.' '시를 배우지 않으면 말을 할 수 없다.' 제가 물러나 시를 배웠습니다. 또 하루는 홀로 서 계셨는데, 제가 뜰을 지나가자 말씀하셨습니다. '예를 배웠느냐?' 제가 대답했습니다. '아직입니다.' '예를 배우지 않으면 설 수 없다.' 제가 물러나 예를 배웠습니다. 이 두 가지를 들었습니다."

진항이 물러나 기뻐하며 말하였다. "하나를 물어 셋을 얻었다. 시를 배우라는 말씀, 예를 배우라는 말씀, 그리고 군자가 자기 아들을 멀리하는 것을 들었다."

| 16-14 |

邦君之妻, 君稱之曰"夫人", 夫人自稱曰"小童", 邦人稱之曰"君夫人", 稱諸異邦曰"寡小君", 異邦人稱之亦曰"君夫人".

⑤ ChatGPT

나라 임금의 아내를, 나라 임금은 '부인夫人'이라 부르고, 부인은 스스로 '소동小童'이라 하며, 나라 사람들은 '군부인君夫人'이라 부른다. 나라 사람들이 외국인 앞에서 그녀를 지칭할 때는 '과소군寡小君'이라 하고, 외국인들도 그녀를 '군부인'이라 부른다.

◆ DEEPSEEK

나라 임금의 아내를 임금은 '부인夫人'이라 부르고, 부인은 스스로를 '소동小童'이라 부른다. 나라 사람들은 그를 '군부인君夫人'이라 부르고, 다른 나라에 대해서는 '과소군寡小君'이라 부른다. 다른 나라 사람들도 그를 '군부인'이라 부른다.

17. 양화陽貨

陽貨欲見孔子, 孔子不見, 歸孔子豚. 孔子時其亡也, 而往拜之, 遇諸
塗. 謂孔子曰:"來! 予與爾言." 曰:"懷其寶而迷其邦, 可謂仁乎?" 曰:
"不可.""好從事而亟失時, 可謂知乎?" 曰:"不可.""日月逝矣, 歲不我
與." 孔子曰:"諾, 吾將仕矣."

---

⑤ ChatGPT

양화가 공자를 만나고자 하였으나, 공자는 그를 만나지 않았다. 그러자 양
화는 공자에게 돼지고기를 선물로 보냈다. 공자는 그가 집에 없을 때를 골
라 답례하러 갔다가, 도중에 그를 길에서 마주쳤다.

양화가 공자에게 말하였다. "이리 오시오! 내가 그대에게 할 말이 있소."

그리고 물었다. "보배로운 덕을 품고 있으면서도 나라를 혼란에 빠뜨린다
면, 인仁하다고 할 수 있겠소?"

공자가 대답하였다. "그럴 수 없소."

"일을 좋아하면서도 자주 시기를 놓친다면, 지혜롭다고 할 수 있겠소?"

공자가 대답하였다. "그럴 수 없소."

양화가 탄식하며 말하였다. "해와 달은 흘러가고, 세월은 나를 기다려주지
않는다!"

그러자 공자가 말하였다. "좋소, 내가 벼슬하러 나서겠소."

⛏ DEEPSEEK

양화가 공자를 만나고자 했으나, 공자는 그를 만나지 않았다. 양화는 공자
에게 돼지고기를 보냈다. 공자는 그가 집에 없을 때를 틈타 방문하여 예를

표했다. 길에서 양화를 만나게 되었다.

양화가 공자에게 말하였다. "이리 오시오! 내가 당신과 말하려 하오."

그리고 말하였다. "보물을 품고서 자기 나라를 어지럽히는 것을 어찌 인仁이라 할 수 있겠소?"

공자가 말하였다. "아닙니다."

"일을 좋아하면서도 기회를 자주 놓치는 것을 어찌 지知라 할 수 있겠소?"

공자가 말하였다. "아닙니다."

"날짜와 달이 지나가니, 세월은 우리를 기다려주지 않소."

공자가 말하였다. "그렇소, 내가 벼슬하겠소."

| 17-2 |

子曰: "性相近也, 習相遠也."

⑤ChatGPT

공자가 말하였다. "사람의 본성은 서로 비슷하지만, 습관에 따라 서로 달라진다."

⚓ DEEPSEEK

공자가 말하였다. "사람의 본성은 서로 비슷하나, 습관에 의해 서로 멀어지게 된다."

| 17-3 |

子曰: "唯上知與下愚不移."

🅢 ChatGPT

공자가 말하였다. "오직 최고의 지혜를 가진 사람과 가장 어리석은 사람만이 변하지 않는다."

🅢 DEEPSEEK

공자가 말하였다. "오직 가장 지혜로운 사람과 가장 어리석은 사람만이 변하지 않는다."

| 17-4 |

子之武城, 聞弦歌之聲. 夫子莞爾而笑, 曰: "割雞, 焉用牛刀?" 子游對
曰: "昔者, 偃也聞諸夫子, 曰: '君子學道則愛人, 小人學道則易使也.'"
子曰: "二三子! 偃之言是也. 前言戱之耳."

🅢 ChatGPT

공자가 무성武城에 갔을 때, 거기서 거문고와 노래 소리를 들었다.

공자는 빙그레 웃으며 말하였다. "닭을 잡는 데 어찌 소 잡는 칼을 쓰겠는가?"

그러자 자유가 대답하였다. "예전에 제가 선생님께 이런 말씀을 들었습니
다. '군자가 도를 배우면 사람을 사랑하게 되고, 소인이 도를 배우면 다스리
기가 쉬워진다.'"

공자가 말하였다. "너희들아! 언偃(자유)의 말이 맞다. 앞서 한 말은 농담일 뿐이다."

🅢 DEEPSEEK

공자가 무성武城에 갔을 때, 거문고와 노래 소리를 들었다.

공자가 미소를 지으며 말하였다. "닭을 잡는 데 어찌 소 잡는 칼을 쓰는가?"

자유가 대답하였다. "옛날 제가 스승님께 들으니, '군자가 도를 배우면 사람
을 사랑하게 되고, 소인이 도를 배우면 부리기 쉬워진다.'고 하셨습니다."

공자가 말하였다. "여러분, 자유의 말이 옳다. 내가 앞서 한 말은 농담이었다."

公山弗擾以費畔, 召, 子欲往. 子路不說, 曰:"末之也已, 何必公山氏
之之也?" 子曰:"夫召我者, 而豈徒哉? 如有用我者, 吾其爲東周乎!"

ChatGPT

공산불요가 비費에서 반란을 일으키고는 공자를 불렀다. 공자는 가려고 하
였다.

그러자 자로가 못마땅해하며 말하였다. "그만두시지요. 굳이 공산씨 같은
사람을 따라가실 필요가 있습니까?"

공자가 말하였다. "그가 나를 부르는 것이 어찌 헛된 이유에서겠느냐? 만약
나를 써줄 사람이 있다면, 나는 동주東周 같은 나라를 만들 수도 있을 것이다!"

DEEPSEEK

공산불요가 비費 땅에서 반란을 일으키고 공자를 불렀다. 공자가 가려고 하
였다.

자로가 기뻐하지 않으며 말하였다. "끝까지 가지 마십시오. 어찌 공산씨에
게 가려하십니까?"

공자가 말하였다. "나를 부르는 자가 어찌 헛되이 부르겠는가? 만일 나를 쓰
는 자가 있다면, 내가 동주東周를 이루지 않겠는가?"

子張問仁於孔子. 孔子曰:"能行五者於天下, 爲仁矣." 請問之, 曰:
"恭·寬·信·敏·惠. 恭則不侮, 寬則得衆, 信則人任焉, 敏則有功, 惠則
足以使人."

⑤ ChatGPT

자장이 공자에게 인仁에 대해 물었다.

공자가 말하였다. "다섯 가지를 천하에서 실천할 수 있다면, 인을 이룰 수 있다."

자장이 그것이 무엇인지 묻자, 공자가 말하였다. "공손함(恭), 너그러움(寬), 신의(信), 민첩함(敏), 은혜로움(惠)이다. 공손하면 남에게 모욕당하지 않고, 너그러우면 많은 사람을 얻을 수 있으며, 신의가 있으면 사람들이 신뢰하고 맡기며, 민첩하면 공을 세울 수 있고, 은혜로우면 사람을 부릴 수 있다."

⑤ DEEPSEEK

자장이 공자에게 인仁에 대해 물었다.

공자가 말하였다. "다섯 가지를 천하에서 실천할 수 있다면, 그것이 인이다."

자장이 그 다섯 가지가 무엇인지 묻자, 공자가 말하였다. "공손함(恭), 너그러움(寬), 믿음(信), 민첩함(敏), 은혜로움(惠)이다. 공손하면 업신여김을 당하지 않고, 너그러우면 사람들의 지지를 얻으며, 믿음이 있으면 사람들이 신뢰하고, 민첩하면 공을 이루며, 은혜로우면 사람들을 부릴 수 있다."

| **17-7** |

佛肸召, 子欲往. 子路曰:"昔者, 由也聞諸夫子, 曰:'親於其身爲不善者, 君子不入也.' 佛肸以中牟畔, 子之往也, 如之何?" 子曰:"然, 有是言也. 不曰堅乎, 磨而不磷;不曰白乎, 涅而不緇. 吾豈匏瓜也哉? 焉能繫而不食?"

---

⑤ ChatGPT

필힐이 공자를 불렀을 때, 공자가 가려고 하였다.

그러자 자로가 말하였다. "예전에 제가 선생님께 이런 말씀을 들었습니다.

'가까운 사람이 불선不善을 행하면, 군자는 그곳에 들어가지 않는다.' 그런데 필힐이 중모中牟에서 반란을 일으켰는데, 선생님께서 가신다면 어찌하겠습니까?"

공자가 말하였다. "그렇다, 그런 말을 한 적이 있다. 하지만 이렇게도 말하지 않았던가? '단단한 것은 숫돌에 갈아도 닳지 않고, 희어진 것은 먹에 담가도 검어지지 않는다.' 내가 어찌 표주박 같은 존재란 말인가? 어찌 줄에 매달려 있으면서도 먹히지 않을 수 있겠는가?"

DEEPSEEK

필힐이 공자를 초청하자, 공자는 가려고 하였다.

자로가 말하였다. "옛날 제가 스승님께 들었습니다. '자신이 선하지 못한 일에 가담하는 자에게는 군자가 가지 않는다.' 필힐이 중모中牟에서 반란을 일으켰는데, 스승님께서 가시려는 것은 어찌 된 일입니까?"

공자가 말하였다. "그렇다. 내가 그런 말을 했지. 그러나 단단한 것은 갈아도 닳지 않고, 흰 것은 물들여도 검어지지 않는다고 하지 않았느냐? 나는 어찌 박처럼 매달려 있어도 먹히지 않을 수 있겠는가?"

17-8

子曰:"由也, 女聞六言六蔽矣乎?" 對曰:"未也." "居! 吾語女. 好仁不好學, 其蔽也愚;好知不好學, 其蔽也蕩;好信不好學, 其蔽也賊;好直不好學, 其蔽也絞;好勇不好學, 其蔽也亂;好剛不好學, 其蔽也狂."

ChatGPT

공자가 말하였다. "유由(자로)야, 네가 '여섯 가지 덕목과 그에 따른 여섯 가지 폐단'에 대해 들은 적이 있느냐?"

자로가 대답하였다. "아직 듣지 못했습니다."

공자가 말하였다. "앉아라, 내가 말해주겠다. 어진 것을 좋아하면서도 배움을 좋아하지 않으면, 그 폐단은 어리석음이다. 지혜를 좋아하면서도 배움을 좋아하지 않으면, 그 폐단은 방종이다. 신의를 좋아하면서도 배움을 좋아하지 않으면, 그 폐단은 해로움이다. 강직함을 좋아하면서도 배움을 좋아하지 않으면, 그 폐단은 가혹함이다. 용맹을 좋아하면서도 배움을 좋아하지 않으면, 그 폐단은 난폭함이다. 강함을 좋아하면서도 배움을 좋아하지 않으면, 그 폐단은 광포함이다."

DEEPSEEK

공자가 말하였다. "유由야, 여섯 가지 말과 여섯 가지 폐단을 들었느냐?"
자로가 대답하였다. "아닙니다."
"앉아라, 내가 너에게 말해주겠다. 인仁을 좋아하되 배우기를 좋아하지 않으면 그 폐단은 어리석음이요, 지知를 좋아하되 배우기를 좋아하지 않으면 그 폐단은 방탕함이요, 믿음을 좋아하되 배우기를 좋아하지 않으면 그 폐단은 해로움이요, 곧음을 좋아하되 배우기를 좋아하지 않으면 그 폐단은 꼬임이요, 용기를 좋아하되 배우기를 좋아하지 않으면 그 폐단은 어지러움이요, 강함을 좋아하되 배우기를 좋아하지 않으면 그 폐단은 광기이다."

| 17-9 |

子曰: "小子何莫學夫詩? 詩可以興, 可以觀, 可以群, 可以怨, 邇之事父, 遠之事君, 多識於鳥獸草木之名."

ⓢ ChatGPT

공자가 말하였다. "제자들아, 어찌하여 시詩를 배우려 하지 않느냐? 시는 감정을 불러일으킬 수 있고, 사물을 관찰하는 안목을 길러줄 수 있으며, 사람들과 어울리는 법을 익히게 하고, 불만을 적절히 표현하는 방법을 가르쳐준다. 가까이에서는 부모를 섬기는 데 도움이 되고, 멀리는 임금을 섬기는 데에도 쓰이며, 또한 새와 짐승, 풀과 나무의 이름을 많이 알게 된다."

DEEPSEEK

공자가 말하였다. "학생들아, 어찌하여 시詩를 배우지 않느냐? 시는 흥을 일으킬 수 있고, 관찰할 수 있으며, 무리를 이루게 하고, 원망을 표현할 수 있다. 가까이에서는 아버지를 섬기고, 멀리에서는 임금을 섬길 수 있으며, 새와 짐승, 풀과 나무의 이름을 많이 알 수 있다."

| 17-10 |

子謂伯魚曰: "女爲《周南》·《召南》矣乎? 人而不爲《周南》·《召南》, 其猶正牆面而立也與!"

---

⑤ ChatGPT

공자가 백어에게 말하였다. "너는 〈주남周南〉과 〈소남召南〉을 배웠느냐? 사람이 만약 〈주남〉과 〈소남〉을 배우지 않는다면, 마치 담장을 마주 보고 서 있는 것과 같지 않겠느냐?"

DEEPSEEK

공자가 백어에게 말하였다. "너는 〈주남周南〉과 〈소남召南〉을 배웠느냐? 사람이 〈주남〉과 〈소남〉을 배우지 않는다면, 마치 벽을 마주 보고 서 있는 것과 같다."

| 17-11 |

子曰: "禮云禮云, 玉·帛云乎哉? 樂云樂云, 鐘·鼓云乎哉?"

ChatGPT

공자가 말하였다. "예禮라, 예라 하지만, 그것이 옥이나 비단을 의미하는 것인가? 악樂이라, 악이라 하지만, 그것이 종이나 북을 의미하는 것인가?"

DEEPSEEK

공자가 말하였다. "예禮라고 예라고 하니, 옥과 비단만을 말하는 것이겠는가? 음악이라고 음악이라고 하니, 종과 북만을 말하는 것이겠는가?"

| 17-12 |

子曰:"色厲而內荏, 譬諸小人, 其猶穿窬之盜也與!"

ChatGPT

공자가 말하였다. "겉모습만 엄격하고 속은 나약한 사람은, 소인에 비유하자면 담을 뚫고 넘나드는 좀도둑과 같다고 하겠다!"

DEEPSEEK

공자가 말하였다. "겉으로는 엄하게 보이지만 속으로는 약한 자를 소인에 비유하자면, 마치 담을 뚫고 들어오는 도둑과 같다."

| 17-13 |

子曰:"鄕原, 德之賊也."

ChatGPT

공자가 말하였다. "겉으로 착한 척하며 사람들의 비위를 맞추는 자는 덕을 해치는 자이다."

공자가 말하였다. "향원鄕原은 덕의 도둑이다."

| 17-14 |

子曰:"道聽而塗說, 德之棄也."

ChatGPT

공자가 말하였다. "길에서 들은 것을 곧바로 길에서 말하는 것은, 덕을 버리는 행위이다."

DEEPSEEK

공자가 말하였다. "길에서 듣고 길에서 말하는 것은 덕을 버리는 것이다."

| 17-15 |

子曰:"鄙夫可與事君也與哉? 其未得之也, 患得之;旣得之, 患失之. 苟患失之, 無所不至矣."

ChatGPT

공자가 말하였다. "비루한 사람과 함께 임금을 섬길 수 있겠는가? 그는 벼슬을 얻기 전에는 그것을 얻지 못할까 걱정하고, 얻고 나서는 그것을 잃을까 걱정한다. 만약 잃는 것을 걱정하게 되면, 무슨 일이든 하지 못할 것이 없게 된다."

DEEPSEEK

공자가 말하였다. "비루한 자와 함께 임금을 섬길 수 있겠는가? 그가 얻지 못했을 때는 얻기를 걱정하고, 이미 얻었을 때는 잃을까 걱정한다. 만일 잃을까 걱정한다면, 어떤 일이라도 서슴지 않을 것이다."

子曰: "古者, 民有三疾; 今也, 或是之亡也. 古之狂也肆, 今之狂也蕩;
古之矜也廉, 今之矜也忿戾; 古之愚也直, 今之愚也詐而已矣."

⑤ ChatGPT

공자가 말하였다. "옛날에는 백성들에게 세 가지 병폐가 있었는데, 지금은
그것조차도 사라진 듯하다. 옛날의 과격한 사람은 솔직하고 거리낌이 없었
지만, 지금의 과격한 사람은 방종할 뿐이다. 옛날의 거만한 사람은 강직하
고 검소했지만, 지금의 거만한 사람은 성을 잘 내고 거칠기만 하다. 옛날의
어리석은 사람은 솔직했지만, 지금의 어리석은 사람은 간사하고 속임수만
쓸 뿐이다."

❤ DEEPSEEK

공자가 말하였다. "옛날 백성에게는 세 가지 병폐가 있었는데, 지금은 그것
조차 없어졌다. 옛날의 광기는 방자함이었으나, 지금의 광기는 방탕함이다.
옛날의 자만은 엄격함이었으나, 지금의 자만은 성냄이다. 옛날의 어리석음
은 곧음이었으나, 지금의 어리석음은 거짓뿐이다."

子曰: "巧言令色, 鮮矣仁."

⑤ ChatGPT

공자가 말하였다. "말을 번지르르하게 하고 얼굴빛을 꾸미는 자는 인仁한 경
우가 드물다."

❤ DEEPSEEK

공자가 말하였다. "교묘한 말과 아첨하는 얼굴에는 인仁이 적다."

子曰: "惡紫之奪朱也, 惡鄭聲之亂雅樂也, 惡利口之覆邦家者."

⑤ChatGPT

공자가 말하였다. "나는 자색紫色이 주색朱色을 빼앗는 것을 싫어하며, 정鄭나라 음악이 아악雅樂을 어지럽히는 것을 싫어하며, 말재주 좋은 사람이 나라를 위태롭게 하는 것을 싫어한다."

☆ DEEPSEEK

공자가 말하였다. "나는 자주색이 붉은색을 빼앗는 것을 미워하고, 정鄭나라 음악이 아악雅樂을 어지럽히는 것을 미워하며, 말재주가 나라를 뒤엎는 것을 미워한다."

子曰: "予欲無言." 子貢曰: "子如不言, 則小子何述焉?" 子曰: "天何言哉? 四時行焉, 百物生焉, 天何言哉?"

⑤ChatGPT

공자가 말하였다. "나는 아무 말도 하지 않고 싶다."

자공이 물었다. "선생님께서 말씀하지 않으신다면, 저희 제자들은 무엇을 전할 수 있겠습니까?"

공자가 말하였다. "하늘이 무슨 말을 하더냐? 사계절이 돌아가고, 만물이 자라나는데, 하늘이 무슨 말을 하더냐?"

☆ DEEPSEEK

공자가 말하였다. "나는 말하지 않으려 한다."

자공이 말하였다. "스승님께서 말씀하지 않으시면, 우리 제자들이 무엇을 전하겠습니까?"

공자가 말하였다. "하늘이 무슨 말을 하더냐? 사계절이 운행하고 만물이 생장하니, 하늘이 무슨 말을 하더냐?"

| 17-20 |

孺悲欲見孔子, 孔子辭以疾. 將命者出戶, 取瑟而歌, 使之聞之.

⑤ ChatGPT

유비가 공자를 만나고자 하였으나, 공자는 병을 이유로 사양하였다.

심부름꾼이 문을 나서자, 공자는 거문고를 잡고 노래를 부르며, 그로 하여금 이를 듣게 하였다.

DEEPSEEK

유비가 공자를 만나고자 했으나, 공자는 병을 이유로 사양했다.

전갈을 보내는 사람이 문을 나가자, 공자는 거문고를 들고 노래를 불러 그 소리를 들려주었다.

| 17-21 |

宰我問:"三年之喪, 期已久矣. 君子三年不爲禮, 禮必壞;三年不爲樂, 樂必崩. 舊穀旣沒, 新穀旣升, 鑽燧改火, 期可已矣." 子曰:"食夫稻, 衣夫錦, 於女安乎?" 曰:"安." "女安, 則爲之! 夫君子之居喪, 食旨不甘, 聞樂不樂, 居處不安, 故不爲也. 今女安, 則爲之!" 宰我出, 子曰:"予之不仁也! 子生三年, 然後免於父母之懷. 夫三年之喪, 天下之通喪也. 予也有三年之愛於其父母乎?"

재아가 물었다. "삼년상은 기간이 너무 깁니다. 군자가 삼 년 동안 예禮를 행하지 않으면, 예가 반드시 무너지고, 삼 년 동안 음악을 연주하지 않으면, 음악이 반드시 쇠퇴합니다. 옛 곡식이 다 사라지고, 새 곡식이 이미 여물었으며, 불을 피우는 방식도 바뀌었으니, 이제 상을 마쳐도 되지 않겠습니까?"

공자가 말하였다. "벼를 먹고, 비단옷을 입는 것이 너에게 편안하더냐?"

재아가 대답하였다. "편안합니다."

공자가 말하였다. "네가 편안하다면 그렇게 하라. 그러나 군자가 부모상을 당하면, 맛있는 음식을 먹어도 맛이 없고, 음악을 들어도 즐겁지 않으며, 거처하는 곳이 편하지 않다. 그래서 삼 년 동안 상례를 행하는 것이다. 그런데 네가 편안하다면 그렇게 하라!"

재아가 물러나자, 공자가 말하였다. "아! 재아는 참으로 인정이 없구나. 사람이 태어나서 삼 년이 지나야 비로소 부모의 품을 떠날 수 있다. 삼년상은 천하가 공통으로 지키는 상례이다. 재아는 과연 부모에게서 삼 년 동안 사랑을 받지 않았던가?"

재아가 물었다. "삼년상은 기간이 너무 깁니다. 군자가 삼 년 동안 예禮를 행하지 않으면 예가 무너지고, 삼 년 동안 음악을 행하지 않으면 음악이 무너집니다. 묵은 곡식이 다 없어지고 새 곡식이 올라오며, 불을 바꾸는 것처럼 일 년이면 족합니다."

공자가 말하였다. "쌀밥을 먹고 비단옷을 입는 것이 너에게 편안하냐?"

재아가 말하였다. "편안합니다."

"네가 편안하다면 그렇게 하라! 군자가 상중에 있을 때는 맛있는 음식을 먹어도 달게 여기지 않고, 음악을 들어도 즐겁지 않으며, 거처해도 편안하지 않아서 그렇게 하지 않는 것이다. 네가 편안하다면 그렇게 하라!"

재아가 나가자, 공자가 말하였다. "재아는 어질지 못하다! 아이가 태어나서 삼 년이 지나야 부모의 품을 벗어난다. 삼년상은 천하의 통상通喪이다. 재아도 그 부모에게 삼 년의 사랑을 받았는가?"

17-22

子曰："飽食終日, 無所用心, 難矣哉! 不有博奕者乎? 爲之猶賢乎已."

⑤ ChatGPT

공자가 말하였다. "하루 종일 배불리 먹고도 마음을 쓸 곳이 없다면, 참으로 한심한 일이로다! 바둑이나 장기 같은 놀이가 있지 않은가? 그것이라도 하는 편이 아무것도 하지 않는 것보다는 낫다."

◆ DEEPSEEK

공자가 말하였다. "하루 종일 배불리 먹고 마음을 쓰는 일이 없다면, 참으로 안타까운 일이다! 바둑이나 장기 같은 것이 있지 않느냐? 그것을 하는 것이 아무것도 하지 않는 것보다는 나을 것이다."

17-23

子路曰："君子尙勇乎?" 子曰："君子義以爲上. 君子有勇而無義, 爲亂; 小人有勇而無義, 爲盜."

⑤ ChatGPT

자로가 물었다. "군자는 용맹을 숭상해야 합니까?"
공자가 말하였다. "군자는 의義를 가장 으뜸으로 삼는다. 군자가 용맹하되 의롭지 않으면 난을 일으키고, 소인이 용맹하되 의롭지 않으면 도둑이 된다."

DEEPSEEK

자로가 물었다. "군자는 용기를 숭상합니까?"

공자가 말하였다. "군자는 의義를 으뜸으로 삼는다. 군자가 용기가 있으되 의가 없으면 난을 일으키고, 소인이 용기가 있으되 의가 없으면 도둑이 된다."

| **17-24** |

子貢曰: "君子亦有惡乎?" 子曰: "有惡. 惡稱人之惡者, 惡居下流而訕上者, 惡勇而無禮者, 惡果敢而窒者." 曰: "賜也亦有惡乎?" "惡徼以爲知者, 惡不孫以爲勇者, 惡訐以爲直者."

ChatGPT

자공이 말하였다. "군자도 싫어하는 사람이 있습니까?"

공자가 말하였다. "있다. 남의 단점을 떠벌리는 사람을 싫어하고, 아랫사람으로서 윗사람을 비방하는 사람을 싫어하며, 용감하지만 예의 없는 사람을 싫어하고, 고집스럽고 사리에 어두운 사람을 싫어한다."

그리고 말하였다. "사賜(자공)야, 너도 싫어하는 사람이 있느냐?"

자공이 대답하였다. "남의 것을 베끼고서 그것을 지혜라고 여기는 사람을 싫어하고, 겸손하지 않으면서 그것을 용기라고 여기는 사람을 싫어하며, 남을 고발하면서 그것을 솔직함이라 여기는 사람을 싫어합니다."

DEEPSEEK

자공이 말하였다. "군자도 미워하는 것이 있습니까?"

공자가 말하였다. "미워하는 것이 있다. 남의 단점을 말하는 자를 미워하고, 아래에 있으면서 윗사람을 비방하는 자를 미워하며, 용맹하지만 예의가 없는 자를 미워하고, 결단력은 있지만 고집스러운 자를 미워한다."

공자가 말하였다. "너도 미워하는 것이 있느냐?"

자공이 말하였다. "남의 말을 엿듣고 자신이 아는 체하는 자를 미워하고, 겸손하지 못하면서 용맹하다고 자랑하는 자를 미워하며, 남의 허물을 들추어내고서 곧다고 하는 자를 미워합니다."

| 17-25 |

子曰:"唯女子與小人爲難養也. 近之則不孫, 遠之則怨."

ChatGPT
공자가 말하였다. "여인과 소인은 다루기 어렵다. 가까이하면 버릇없이 굴고, 멀리하면 원망한다."

DEEPSEEK
공자가 말하였다. "오직 여자와 소인은 기르기 어렵다. 가까이하면 오만해지고, 멀리하면 원망한다."

| 17-26 |

子曰:"年四十而見惡焉, 其終也已."

ChatGPT
공자가 말하였다. "마흔이 되어도 남에게 미움을 받는다면, 그의 삶은 이미 끝난 것이나 다름 없다."

DEEPSEEK
공자가 말하였다. "마흔 살이 되어도 미움을 받는 자는 그 생애가 끝난 것이다."

18. 미자微子

| 18-1 |

微子去之, 箕子爲之奴, 比干諫而死. 孔子曰: "殷有三仁焉."

⑤ ChatGPT

미자는 떠났고, 기자는 노예가 되었으며, 비간은 간諫하다가 죽었다.
공자가 말하였다. "은殷나라에는 세 명의 어진 사람이 있었구나."

✦ DEEPSEEK

미자는 떠났고, 기자는 노예가 되었으며, 비간은 간諫하다가 죽었다.
공자가 말하였다. "은殷나라에는 세 명의 어진 사람이 있었다."

| 18-2 |

柳下惠爲士師, 三黜. 人曰: "子未可以去乎?" 曰: "直道而事人, 焉往而不三黜? 枉道而事人, 何必去父母之邦?"

⑤ ChatGPT

유하혜가 사사士師가 되었으나, 세 번이나 파면되었다.
어떤 사람이 말하였다. "그대는 이제 이곳을 떠나야 하지 않겠습니까?"
유하혜가 대답하였다. "바른 도리를 지키며 사람을 섬긴다면, 어디로 가더라도 세 번쯤 파면되지 않겠는가? 그렇다고 굽은 도리로 사람을 섬길 바에야, 굳이 부모의 나라를 떠날 필요가 있겠는가?"

DEEPSEEK

유하혜가 사사士師가 되었으나 세 번 쫓겨났다.

어떤 사람이 말하였다. "선생님은 떠나지 않으시겠습니까?"

유하혜가 말하였다. "곧은 도로 사람을 섬기면 어디를 가더라도 세 번 쫓겨나지 않겠는가? 굽은 도로 사람을 섬긴다면 어찌 반드시 부모의 나라를 떠나야 하겠는가?"

| 18-3 |

齊景公待孔子曰:"若季氏, 則吾不能, 以季·孟之間待之." 曰:"吾老矣, 不能用也." 孔子行.

ChatGPT

제齊나라 경공이 공자를 대우하며 말하였다. "계씨처럼 높이 예우할 수는 없으니, 계씨와 맹씨 사이 정도의 대우를 하겠다."

그리고 말하였다. "나는 이미 늙어서 그를 쓸 수 없겠구나."

공자는 그 말을 듣고 떠났다.

DEEPSEEK

제齊나라 경공이 공자를 대우하며 말하였다. "계씨처럼 대우하기는 내가 할 수 없으니, 계씨와 맹씨 사이 정도로 대우하겠다."

그리고 말하였다. "나는 늙었으니, 등용할 수 없다."

공자는 떠났다.

| 18-4 |

齊人歸女樂, 季桓子受之, 三日不朝, 孔子行.

⑤ ChatGPT

제齊나라 사람이 여악女樂을 보내자, 계환자가 그것을 받아들이고, 사흘 동
안 조회에 나아가지 않았다. 공자는 이를 보고 떠났다.

DEEPSEEK

제齊나라 사람이 여악女樂을 보내자, 계환자가 이를 받아들이고 사흘 동안
조회를 하지 않았다. 공자는 떠났다.

| 18-5 |

楚狂接輿歌而過孔子曰:"鳳兮! 鳳兮! 何德之衰? 往者不可諫, 來者
猶可追. 已而! 已而! 今之從政者殆而!" 孔子下, 欲與之言, 趨而辟之,
不得與之言.

⑤ ChatGPT

초楚나라의 광인狂人 접여가 노래를 부르면서 공자 앞을 지나가며 말하였다.
"봉황이여! 봉황이여! 어찌하여 덕이 이렇게 쇠퇴하였는가? 지난 일은 이미
돌이킬 수 없지만, 다가올 일은 아직 따라잡을 수 있네. 그만두어라! 그만두
어라! 지금 정치를 하는 자들은 위태롭구나!"
공자가 수레에서 내려 그와 이야기하려 하였으나, 그는 급히 피해 가버려
말을 나눌 수 없었다.

DEEPSEEK

초楚나라의 미친 사람 접여가 노래를 부르면서 공자 앞을 지나가며 말하였
다. "봉황이여! 봉황이여! 어찌 그 덕이 쇠하였는가? 지나간 일은 간할 수 없

으나, 다가올 일은 오히려 쫓을 수 있도다. 그만두라! 그만두라! 지금 정치에 참여하는 자들은 위태롭도다!"

공자가 수레에서 내려 그와 말하려고 하였으나, 접여는 빨리 걸어서 피해버려, 공자는 그와 말할 수 없었다.

| 18-6 |

長沮·桀溺耦而耕, 孔子過之, 使子路問津焉. 長沮曰:"夫執輿者爲誰?"子路曰:"爲孔丘."曰:"是魯孔丘與?"曰:"是也."曰:"是知津矣."問於桀溺, 桀溺曰:"子爲誰?"曰:"爲仲由."曰:"是魯孔丘之徒與?"對曰:"然."曰:"滔滔者天下皆是也, 而誰以易之? 且而與其從辟人之士也, 豈若從辟世之士哉?"耰而不輟. 子路行以告, 夫子憮然曰:"鳥獸不可與同群, 吾非斯人之徒與而誰與? 天下有道, 丘不與易也."

⑤ ChatGPT

장저와 걸닉이 함께 밭을 갈고 있었다. 공자가 그곳을 지나며 자로를 시켜 나루터를 물어보게 하였다.

장저가 물었다. "저 수레를 몰고 있는 사람은 누구인가?"

자로가 대답하였다. "공구입니다."

장저가 다시 물었다. "노魯나라의 공구 말인가?"

자로가 대답하였다. "그렇습니다."

장저가 말하였다. "그분은 나루터를 알겠구나."

자로가 걸닉에게 물으니, 걸닉이 말하였다. "그대는 누구인가?"

자로가 대답하였다. "나는 중유입니다."

걸닉이 다시 물었다. "그대는 노나라 공구의 제자가 아닌가?"

자로가 대답하였다. "그렇습니다."

걸닉이 말하였다. "세상은 온통 넘실거리는 물결과 같으니, 누가 그것을 바꿀 수 있겠는가? 그대는 사람을 피해 다니는 자를 따르기보다, 차라리 세상을 피해 숨어 사는 자를 따르는 것이 낫지 않겠는가?"

그리고는 흙을 고르는 일을 멈추지 않았다.

자로가 돌아가 이를 공자에게 알리자, 공자는 멍하니 말하였다. "새나 짐승과 더불어 살 수는 없지 않은가? 내가 이들과 함께하지 않는다면, 누구와 함께하겠는가? 천하에 도가 있다면, 나는 바꾸려 하지 않았을 것이다."

DEEPSEEK

장저와 걸닉이 함께 밭을 갈고 있었다. 공자가 그곳을 지나가며 자로를 시켜 나루터를 물어보게 하였다.

장저가 말하였다. "저 수레를 잡고 있는 사람은 누구인가?"

자로가 말하였다. "공구입니다."

장저가 말하였다. "그 사람이 노나라의 공구인가?"

자로가 말하였다. "그렇습니다."

장저가 말하였다. "그렇다면 그는 이미 나루터를 알고 있을 것이다."

자로가 걸닉에게 물었다. 걸닉이 말하였다. "당신은 누구인가?"

자로가 말하였다. "중유입니다."

걸닉이 말하였다. "그렇다면 당신은 노나라 공구의 제자인가?"

자로가 대답하였다. "그렇습니다."

걸닉이 말하였다. "세상은 거센 물결처럼 어지러운데, 누가 그것을 바꿀 수 있겠는가? 차라리 세상을 피하는 사람을 따르는 것이, 사람을 피하는 사람을 따르는 것보다 낫지 않겠는가?"

그리고는 밭을 갈며 일을 멈추지 않았다.

자로가 돌아와 공자에게 말하였다. 공자가 슬프고 답답한 듯 말하였다. "새와 짐승과는 함께 무리 지을 수 없다. 내가 이 사람들과 함께하지 않고, 또 누구와 함께하겠는가? 만약 천하에 도道가 행해진다면, 내가 세상을 바꾸려고 하지 않았을 것이다."

18-7

子路從而後, 遇丈人以杖荷蓧. 子路問曰:"子見夫子乎?" 丈人曰:"四體不勤, 五穀不分, 孰爲夫子?" 植其杖而芸. 子路拱而立, 止子路宿, 殺鷄爲黍而食之, 見其二子焉. 明日, 子路行以告, 子曰:"隱者也." 使子路反見之, 至則行矣. 子路曰:"不仕無義, 長幼之節, 不可廢也, 君臣之義, 如之何其廢之? 欲潔其身而亂大倫. 君子之仕也, 行其義也. 道之不行, 已知之矣."

⑤ ChatGPT

자로가 공자를 뒤처져 따라가다가, 지팡이로 광주리를 짊어진 한 노인을 만났다.

자로가 물었다. "어르신께서는 혹시 저희 스승님을 보셨습니까?"

노인이 말하였다. "네 개의 팔다리를 움직이지 않고, 오곡五穀도 구별할 줄 모르는 사람이 어찌 스승이라 할 수 있겠는가?"

그렇게 말한 뒤, 지팡이를 세워두고 김을 매기 시작하였다.

자로는 공손히 두 손을 모으고 서 있었다. 노인은 자로에게 하룻밤 묵어 가라 하며, 닭을 잡아 기장밥을 지어 대접해주었고, 자로는 그의 두 아들을 만나보았다.

다음날, 자로가 길을 떠나 공자에게 이 일을 알리자, 공자가 말하였다. "은자隱者로구나."

그리고 자로를 보내 다시 그를 찾아가게 하였지만, 자로가 도착했을 때 그는 이미 떠난 뒤였다.

그러자 자로가 말하였다. "벼슬하지 않는 것은 의롭지 못한 일입니다. 장유

長幼 간의 질서는 폐할 수 없으며, 군신君臣의 도리는 어찌 버릴 수 있겠습니까? 스스로 몸을 깨끗이 하려다가 큰 윤리를 어지럽히는 것이 아니겠습니까? 군자가 벼슬하는 것은 옳은 도리를 행하기 위함입니다. 도가 행해지지 않음을 우리는 이미 알고 있습니다."

♥️ DEEPSEEK

자로가 따라가다 뒤쳐져 한 노인을 만났는데, 지팡이를 짚고 호미를 메고 있었다.

자로가 물었다. "선생님을 보셨습니까?"

노인이 말하였다. "사지를 부지런히 움직이지 않고, 오곡을 분별하지 못하는데, 누가 선생이란 말인가?"

노인은 지팡이를 꽂고 김을 매기 시작하였다.

자로는 공손히 서 있었다. 노인은 자로를 머물게 하고 닭을 잡아 기장밥을 지어 먹이고, 그의 두 아들을 보여주었다.

다음날, 자로가 가서 공자에게 고하자, 공자가 말하였다. "은자로다."

자로를 시켜 다시 가서 보게 하였다. 도착했을 때는 노인이 이미 떠나고 없었다.

자로가 말하였다. "벼슬하지 않는 것은 의리가 아니다. 어른과 아이의 예절은 폐할 수 없고, 군신의 의리는 어찌 폐할 수 있겠는가? 자신을 깨끗이 하려 하면서 큰 윤리를 어지럽히는 것이다. 군자가 벼슬하는 것은 그 의리를 행하는 것이다. 도가 행해지지 않는 것은 이미 알고 있다."

| **18-8** |

逸民:伯夷·叔齊·虞仲·夷逸·朱張·柳下惠·少連. 子曰:"不降其志, 不辱其身, 伯夷·叔齊與!" 謂:"柳下惠·少連, 降志辱身矣, 言中倫, 行

中慮, 其斯而已矣." 謂:"虞仲·夷逸, 隱居放言, 身中淸, 廢中權." "我則異於是, 無可無不可."

---

⑤ ChatGPT

은거한 선비들(逸民)은 백이, 숙제, 우중, 이일, 주장, 유하혜, 소련이다.

공자가 말하였다. "그 뜻을 굽히지 않고, 몸을 욕되게 하지 않은 이는 백이와 숙제로구나!"

그리고 말하였다. "유하혜와 소련은 뜻을 굽히고 몸을 욕되게 하였으나, 그 말은 윤리에 맞았고, 그 행실은 신중하였다. 그 정도일 뿐이로다."

또 말하였다. "우중과 이일은 은거하면서 거리낌 없이 말하였으며, 그 몸은 청렴함을 지켰으나, 그 청렴함이 지나쳐 권도權道를 잃었다."

그리고 말하였다. "나는 이들과는 다르다. 반드시 해야 할 것도, 반드시 하지 말아야 할 것도 없다."

⑥ DEEPSEEK

은자(逸民)로는 백이, 숙제, 우중, 이일, 주장, 유하혜, 소련이 있다.

공자가 말하였다. "그 뜻을 굽히지 않고, 그 몸을 더럽히지 않은 이는 백이와 숙제이다!"

또 말하였다. "유하혜와 소련은 뜻을 굽히고 몸을 더럽혔으나, 말은 도리에 맞고 행동은 신중했으니, 그 정도로 그쳤다."

또 말하였다. "우중과 이일은 은둔하며 자유롭게 말했고, 몸은 청백했으며, 세상을 떠난 것은 권도權道에 맞았다."

공자가 말하였다. "나는 이들과 다르다. 꼭 해야만 하는 것도 없고, 꼭 하지 말아야 할 것도 없다."

大師摯適齊, 亞飯干適楚, 三飯繚適蔡, 四飯缺適秦, 鼓方叔入於河, 播鼗武入於漢, 少師陽·擊磬襄入於海.

⑤ ChatGPT

태사太師 지摯는 제齊로 가고, 아반亞飯 간干은 초楚로 가고, 삼반三飯 요繚는 채蔡로 가고, 사반四飯 결缺은 진秦으로 갔다. 북 치는 방숙方叔은 하河로 들어가고, 흔들이북 치는 무武는 한漢으로 들어가고, 소사少師 양陽과 경쇠를 치는 양襄은 바닷가로 들어갔다.

⑤ DEEPSEEK

태사太師 지摯는 제齊나라로 갔고, 아반亞飯 간干은 초楚나라로 갔으며, 삼반三飯 요繚는 채蔡나라로 갔고, 사반四飯 결缺은 진秦나라로 갔다. 북을 치는 방숙方叔은 하내河內로 들어갔고, 도鼗를 치는 무武는 한중漢中으로 들어갔으며, 소사少師 양陽과 경磬을 치는 양襄은 바다로 들어갔다.

周公謂魯公曰:"君子不施其親, 不使大臣怨乎不以, 故舊無大故, 則不棄也, 無求備於一人."

⑤ ChatGPT

주공이 노공에게 말하였다. "군자는 가까운 사람을 함부로 버리지 않으며, 대신大臣으로 하여금 기용되지 않는다고 원망하게 하지 않는다. 오래된 신하는 큰 허물이 없으면 버리지 않으며, 한 사람에게서 모든 것을 완벽하게 갖추기를 바라지 않는다."

DEEPSEEK

주공이 노공에게 말하였다. "군자는 그 친족을 소홀히 하지 않으며, 대신들로 하여금 쓰이지 않음을 원망하지 않게 한다. 옛 친구에게 큰 허물이 없으면 버리지 않는다. 한 사람에게 완벽함을 구하지 않는다."

| 18-11 |

周有八士: 伯達·伯适·仲突·仲忽·叔夜·叔夏·季隨·季騧.

ChatGPT

주周나라에는 여덟 명의 선비가 있었다. 백달, 백괄, 중돌, 중홀, 숙야, 숙하, 계수, 계와.

DEEPSEEK

주周나라에는 여덟 명의 선비가 있었다. 백달, 백괄, 중돌, 중홀, 숙야, 숙하, 계수, 계와이다.

19. 자장子張

| 19-1 |

子張曰:"士見危致命, 見得思義, 祭思敬, 喪思哀, 其可已矣."

⑤ ChatGPT

자장이 말하였다. "선비는 위태로움을 보면 목숨을 바치고, 이득을 보면 의로움을 생각하며, 제사를 지낼 때는 공경을, 상례를 치를 때는 슬픔을 생각해야 한다. 그렇다면 충분하지 않겠는가?"

⚓ DEEPSEEK

자장이 말하였다. "선비가 위험을 보고 목숨을 바치고, 이익을 보고 의로움을 생각하며, 제사를 지낼 때 공경을 생각하고, 상喪을 당할 때 슬픔을 생각한다면, 그만일 것이다."

| 19-2 |

子張曰:"執德不弘, 信道不篤, 焉能爲有? 焉能爲亡?"

⑤ ChatGPT

자장이 말하였다. "덕을 지니되 널리 베풀지 않고, 도를 믿되 독실하지 않다면, 어찌 있다고 할 수 있으며, 어찌 없다고 할 수 있겠는가?"

⚓ DEEPSEEK

자장이 말하였다. "덕을 지니되 널리 행하지 않고, 도를 믿되 독실하지 않으면, 어찌 존재한다 할 수 있겠는가? 어찌 없음이라 할 수 있겠는가?"

子夏之門人問交於子張. 子張曰:"子夏云何?" 對曰:"子夏曰:'可者與
之, 其不可者拒之.'" 子張曰:"異乎吾所聞. 君子尊賢而容眾, 嘉善而
矜不能, 我之大賢與, 於人何所不容? 我之不賢與, 人將拒我, 如之何
其拒人也?"

⊙ ChatGPT

자하의 문인이 자장에게 교제에 대해 물었다.

자장이 말하였다. "자하는 어떻게 말했는가?"

문인이 대답하였다. "자하께서는 '가능한 사람과는 사귀고, 불가능한 사람
은 배척해야 한다.'고 하셨습니다."

자장이 말하였다. "내가 들은 바와 다르도다. 군자는 어진 이를 존중하고, 많
은 사람을 포용하며, 선을 좋게 여기고 능하지 못한 이를 불쌍히 여긴다. 내
가 크게 어질다면, 어찌 사람을 포용하지 못하겠는가? 내가 어질지 못하다
면, 사람들이 나를 배척할 것인데, 어찌하여 내가 남을 배척할 수 있겠는가?"

⊙ DEEPSEEK

자하의 제자가 자장에게 사귐에 대해 물었다.

자장이 말하였다. "자하는 무엇이라 말했는가?"

제자가 대답하였다. "자하가 말하기를 '사귈 만한 사람과 사귀고, 사귈 수 없
는 사람은 거절하라.' 하였습니다."

자장이 말하였다. "내가 들은 바와는 다르다. 군자는 어진 이를 존중하고 여
러 사람을 포용하며, 선한 이를 칭찬하고 능력 없는 이를 불쌍히 여긴다. 내
가 크게 어진 사람이라면, 어찌 남을 포용하지 못하겠는가? 내가 어질지 못
한 사람이라면, 남이 나를 거절할 것이니, 어찌 내가 남을 거절하겠는가?"

子夏曰：“雖小道, 必有可觀者焉, 致遠恐泥, 是以君子不爲也.”

⑤ ChatGPT

자하가 말하였다. “비록 작은 도道라 하더라도 반드시 볼 만한 점이 있다. 그러나 멀리 나아가려 하면 그것에 얽매일까 두렵다. 그래서 군자는 그것을 행하지 않는 것이다.”

◆ DEEPSEEK

자하가 말하였다. “비록 작은 학문이라도 반드시 볼 만한 것이 있다. 그러나 먼 곳에 이르는 데는 막힐까 두려우니, 군자는 이를 하지 않는다.”

子夏曰：“日知其所亡, 月無忘其所能, 可謂好學也已矣.”

⑤ ChatGPT

자하가 말하였다. “날마다 자신이 모르는 바를 깨닫고, 달마다 자신이 아는 바를 잊지 않는다면, 비로소 배움을 좋아한다고 이를 만하다.”

◆ DEEPSEEK

자하가 말하였다. “날마다 자신이 모르는 것을 알게 되고, 달마다 자신이 아는 것을 잊지 않는다면, 이를 배우기를 좋아한다고 할 수 있다.”

| 19-6

子夏曰:"博學而篤志, 切問而近思, 仁在其中矣."

ⓢ ChatGPT

자하가 말하였다. "널리 배우고 뜻을 독실히 하며, 간절히 묻고 현실에 맞게 깊이 생각한다면, 그 안에 인仁이 있다."

ⓓ DEEPSEEK

자하가 말하였다. "널리 배우고 뜻을 독실히 하며, 간절히 묻고 가까운 데서 생각하면, 인仁이 그 안에 있다."

| 19-7

子夏曰:"百工居肆, 以成其事;君子學, 以致其道."

ⓢ ChatGPT

자하가 말하였다. "온갖 장인은 작업장에 머물러야 그 일을 완성할 수 있고, 군자는 배움을 통해 마침내 도道에 이를 수 있다."

ⓓ DEEPSEEK

자하가 말하였다. "백공百工이 작업장에 머물러 일을 이루듯, 군자는 배움으로 도를 이룬다."

| 19-8

子夏曰:"小人之過也必文."

ChatGPT

자하가 말하였다. "소인은 허물을 반드시 꾸민다."

DEEPSEEK

자하가 말하였다. "소인은 허물이 있으면 반드시 꾸민다."

| **19-9** |

子夏曰:"君子有三變:望之儼然, 卽之也溫, 聽其言也厲."

ChatGPT

자하가 말하였다. "군자에게는 세 가지 변화가 있다. 멀리서 보면 엄숙하고, 가까이 다가가면 온화하며, 그의 말을 들으면 엄정하다."

DEEPSEEK

자하가 말하였다. "군자에게는 세 가지 변화가 있다. 바라보면 엄연하고, 가까이하면 따뜻하며, 그 말을 들으면 엄격하다."

| **19-10** |

子夏曰:"君子信而後勞其民, 未信, 則以爲厲己也;信而後諫, 未信, 則以爲謗己也."

ChatGPT

자하가 말하였다. "군자는 신뢰를 얻은 뒤에야 백성을 부리고, 신뢰를 얻지 못하면 백성이 이를 자신을 괴롭게 하는 것이라 여긴다. 신뢰를 얻은 뒤에야 간언을 하고, 신뢰를 얻지 못하면 상대가 이를 비방이라 여긴다."

DEEPSEEK

자하가 말하였다. "군자는 믿음을 얻은 뒤에 백성을 부린다. 믿음을 얻지 못했으면 백성이 자신을 괴롭힌다고 여길 것이다. 믿음을 얻은 뒤에 간언한다. 믿음을 얻지 못했으면 백성이 자신을 비방한다고 여길 것이다."

| 19-11 |

子夏曰: "大德不踰閑, 小德出入, 可也."

ChatGPT

자하가 말하였다. "큰 덕이 법도를 넘지 않으면, 작은 덕은 드나들어도 괜찮다."

DEEPSEEK

자하가 말하였다. "큰 덕이 규범을 넘어서지 않는다면, 작은 덕은 조금 어겨도 괜찮다."

| 19-12 |

子游曰: "子夏之門人小子, 當灑掃應對進退, 則可矣, 抑末也. 本之則無, 如之何?" 子夏聞之, 曰: "噫! 言游過矣. 君子之道, 孰先傳焉? 孰後倦焉? 譬諸草木, 區以別矣. 君子之道, 焉可誣也? 有始有卒者, 其惟聖人乎!"

ChatGPT

자유가 말하였다. "자하의 문하에 있는 젊은이들은 청소를 하고, 예를 갖추어 응대하며, 나아가고 물러나는 것은 잘할 수 있다. 그러나 이것은 말단적

인 것이다. 그 근본을 보면 아무것도 없으니, 어찌해야 하겠는가?"

자하가 이 말을 듣고 말하였다. "아! 자유가 말을 잘못하였구나. 군자의 도道는 누구에게 먼저 전하고, 누구에게 나중에 전할 것인가? 마치 풀과 나무를 구분하여 차이가 있듯이, 군자의 도를 함부로 왜곡해서는 안 된다. 처음과 끝을 제대로 갖추는 자는 성인聖人뿐이 아니겠는가!"

DEEPSEEK

자유가 말하였다. "자하의 문인들은 청소하고 응대하고 나아가고 물러나는 일은 할 수 있으나, 근본은 없다. 어찌할 것인가?"

자하가 이를 듣고 말하였다. "아! 자유가 지나쳤다. 군자의 도道를 가르칠 때, 무엇을 먼저 전하고 무엇을 나중에 지치지 않게 가르칠 것인가? 이는 마치 초목을 구별하듯이 해야 한다. 군자의 도를 어찌 함부로 말할 수 있겠는가? 시작과 끝을 모두 갖춘 이는 오직 성인聖人뿐이다!"

19-13

子夏曰: "仕而優則學, 學而優則仕."

ChatGPT

자하가 말하였다. "벼슬하여 여유가 있으면 배움을 닦고, 배워서 여유가 있으면 벼슬에 나아가야 한다."

DEEPSEEK

자하가 말하였다. "벼슬하면서 여유가 있으면 배우고, 배우면서 여유가 있으면 벼슬한다."

子游曰:"喪致乎哀而止."

⑤ ChatGPT

자유가 말하였다. "상례喪禮는 슬픔을 극진히 하고, 그치면 된다."

DEEPSEEK

자유가 말하였다. "상喪을 당할 때 슬픔을 다하면 그만이다."

子游曰:"吾友張也爲難能也, 然而未仁."

⑤ ChatGPT

자유가 말하였다. "내 벗 자장子張은 하기 어려운 일도 해내지만, 아직 인仁에 이르지는 못했다."

DEEPSEEK

자유가 말하였다. "내 친구 자장子張은 어려운 일을 해내지만, 아직 인仁에 이르지는 못했다."

曾子曰:"堂堂乎! 張也. 難與竝爲仁矣."

⑤ ChatGPT

증자가 말하였다. "당당하구나! 자장이여. 그러나 함께 인仁을 실천하기는 어렵겠다."

DEEPSEEK

증자가 말하였다. "당당하구나, 자장이여! 함께 인을 이루기는 어렵다."

| 19-17 |

曾子曰: "吾聞諸夫子, 人未有自致者也, 必也親喪乎!"

ChatGPT

증자가 말하였다. "내가 우리 스승께 들으니, 사람이 스스로 지극한 정성을 다한 적이 없는데, 굳이 있다면 부모의 상喪을 당했을 때일 것이다!"

DEEPSEEK

증자가 말하였다. "나는 스승님께 들었다. 사람은 스스로 최선을 다하는 경우가 없으나, 반드시 부모의 상喪을 당할 때는 그러하다."

| 19-18 |

曾子曰: "吾聞諸夫子, 孟莊子之孝也, 其他可能也, 其不改父之臣與父之政, 是難能也."

ChatGPT

증자가 말하였다. "내가 우리 스승께 들으니, 맹장자의 효孝는 다른 것은 따라할 수 있지만, 아버지의 신하를 바꾸지 않고 아버지의 정사를 변경하지 않은 것이야말로 실로 하기 어려운 일이었다."

DEEPSEEK

증자가 말하였다. "나는 스승님께 들었다. 맹장자의 효도는 다른 사람도 할 수 있으나, 아버지의 신하와 아버지의 정사를 바꾸지 않은 것은 어려운 일이다."

孟氏使陽膚爲士師, 問於曾子. 曾子曰:"上失其道, 民散久矣. 如得其
情, 則哀矜而勿喜."

🎯 ChatGPT

맹씨가 양부를 사사士師로 임명하고, 증자에게 자문하였다.

증자가 말하였다. "위정자가 도道를 잃은 지 오래되어 백성이 이미 오랫동
안 흩어져 있었다. 만약 그들의 사정을 제대로 파악하게 된다면, 가엾이 여
기고 불쌍히 여겨야 하며, 이를 기뻐해서는 안 된다."

🐋 DEEPSEEK

맹씨가 양부를 사사士師(형옥을 담당하는 관리)로 임명하고, 증자에게 물었다.

증자가 말하였다. "위정자가 도道를 잃으니, 백성들이 흩어져 오랫동안 고통
받고 있다. 만약 범죄의 정상을 알게 되더라도, 슬퍼하고 불쌍히 여길 뿐 기
뻐하지 말라."

子貢曰:"紂之不善, 不如是之甚也. 是以君子惡居下流, 天下之惡皆
歸焉."

🎯 ChatGPT

자공이 말하였다. "주왕紂王의 악행이 이처럼 심하지는 않았을 것이다. 그래
서 군자는 낮은 곳에 처하는 것을 싫어하니, 천하의 모든 악이 그에게로 돌

아가기 때문이다."

자공이 말하였다. "주紂의 악행은 이렇게 심하지 않았다. 그러므로 군자는 낮은 곳에 처하는 것을 싫어하니, 천하의 악이 모두 그에게 돌아가기 때문이다."

| **19-21** |

子貢曰:"君子之過也, 如日月之食焉. 過也, 人皆見之; 更也, 人皆仰之."

ChatGPT

자공이 말하였다. "군자의 허물은 일식과 월식이 되는 것과 같아서, 허물을 저지르면 사람들이 모두 그것을 보고, 고치고 나면 사람들 모두가 우러러본다."

DEEPSEEK

자공이 말하였다. "군자의 허물은 마치 일식과 월식과 같다. 허물이 있으면 모든 사람이 그것을 보고, 고치면 모든 사람이 그것을 우러러본다."

| **19-22** |

衛公孫朝問於子貢曰:"仲尼焉學?" 子貢曰:"文武之道未墜於地, 在人. 賢者識其大者, 不賢者識其小者, 莫不有文武之道焉. 夫子焉不學, 而亦何常師之有?"

ChatGPT

위衛나라의 공손조가 자공에게 물었다. "중니仲尼는 어디에서 배웠는가?"

자공이 대답하였다. "문왕과 무왕의 도道는 아직 세상에서 사라지지 않았으며, 사람들에게 남아 있습니다. 어진 자는 그 큰 것을 깨닫고, 어질지 못한 자도 그 작은 것을 깨닫습니다. 문무文武의 도를 지닌 사람이 없는 것이 아닙니다. 우리 스승께서 어디에서 배우지 않으셨겠습니까? 또한 어찌 한 분의 스승만을 정해 배울 필요가 있겠습니까?"

🐳 DEEPSEEK

衛위나라 공손조가 자공에게 물었다. "중니는 어디에서 배웠는가?"
자공이 말하였다. "문왕과 무왕의 도는 땅에 떨어지지 않고 사람에게 있다. 어진 이는 그 큰 것을 알고, 어질지 못한 이는 그 작은 것을 안다. 문무의 도가 없는 곳이 없다. 스승님께서 어디서 배우지 않으셨겠는가? 또한 어찌 일정한 스승이 있겠는가?"

| 19-23 |

叔孫武叔語大夫於朝日: "子貢賢於仲尼." 子服景伯以告子貢, 子貢曰: "譬之宮牆, 賜之牆也及肩, 窺見室家之好; 夫子之牆數仞, 不得其門而入, 不見宗廟之美·百官之富. 得其門者或寡矣, 夫子之云不亦宜乎!"

⑤ ChatGPT

숙손무숙이 조정에서 대부들에게 말하였다. "자공이 중니보다 뛰어나다."
자복경백이 이 말을 자공에게 전하자, 자공이 말하였다. "이를 궁궐의 담장에 비유하자면, 내 담장은 어깨에 닿을 정도로 낮아, 사람들이 안을 엿보며 집안의 아름다움을 볼 수 있다. 그러나 우리 스승의 담장은 여러 길이나 되어, 그 문을 찾지 못하면 들어갈 수 없으며, 종묘의 웅장함과 백관百官들의 질서 있는 모습을 볼 수 없다. 그 문을 찾는 사람이 드무니, 숙손무숙이 그렇게 말한 것도 당연하지 않겠는가!"

DEEPSEEK

숙손무숙이 조정에서 대부들에게 말하였다. "자공이 중니보다 낫다."

자복경백이 이를 자공에게 알리니, 자공이 말하였다. "궁궐의 담벼락에 비유하자면, 나의 담벼락은 어깨 높이여서 집안의 아름다움을 엿볼 수 있다. 스승님의 담벼락은 몇 길이나 되어, 그 문을 찾아 들어가지 못하면 종묘의 아름다움과 백관百官의 풍요로움을 볼 수 없다. 그 문을 찾는 이는 적다. 무숙의 말이 당연하지 않겠는가!"

19-24

叔孫武叔毀仲尼. 子貢曰:"無以爲也. 仲尼不可毀也. 他人之賢者, 丘陵也, 猶可踰也;仲尼, 日月也, 無得而踰焉. 人雖欲自絶, 其何傷於日月乎? 多見其不知量也."

ChatGPT

숙손무숙이 중니를 헐뜯었다.

자공이 말하였다. "그렇게 할 필요가 없습니다. 공자는 헐뜯을 수 있는 분이 아닙니다. 다른 어진 사람들은 언덕과 같아, 넘을 수도 있지만, 공자는 해와 달과 같아 넘을 수 없습니다. 사람이 비록 스스로 해와 달을 등지려 해도, 어찌 해와 달에 아무런 해가 있겠습니까? 다만 자기 분수를 모를 뿐입니다."

DEEPSEEK

숙손무숙이 중니를 비방하였다.

자공이 말하였다. "그렇게 하지 마시오. 중니는 비방할 수 없는 분이십니다. 다른 어진 이들은 작은 언덕과 같아서 넘을 수 있지만, 중니는 해와 달과 같아서 넘을 수 없습니다. 비록 어떤 사람이 스스로 끊으려 해도, 해와 달에 무슨 손상이 있겠습니까? 그런 사람은 자신의 분수를 모르는 것일 뿐입니다."

19-25

陳子禽謂子貢曰:"子爲恭也, 仲尼豈賢於子乎?" 子貢曰:"君子一言
以爲知, 一言以爲不知, 言不可不愼也. 夫子之不可及也, 猶天之不可
階而升也. 夫子之得邦家者, 所謂立之斯立, 道之斯行, 綏之斯來, 動
之斯和. 其生也榮, 其死也哀, 如之何其可及也?"

⑤ ChatGPT

진자금이 자공에게 말하였다. "그대는 겸손하여 공손히 행동하는 것이오.
중니가 어찌 그대보다 뛰어나겠소?"

자공이 대답하였다. "군자는 한마디 말로 지혜롭다 인정받을 수도 있고, 한
마디 말로 어리석다 여겨질 수도 있습니다. 그러므로 말은 신중하지 않을
수 없습니다. 우리 스승은 도저히 따라갈 수 없는 분이니, 마치 하늘을 계단
밟아 오를 수 없는 것과 같습니다. 만약 우리 스승께서 한 나라를 다스리셨
다면, 세우려 하면 곧 서고, 도를 행하려 하면 곧 행해지며, 편안하게 하려 하
면 곧 사람들이 몰려들고, 움직이게 하면 조화롭게 되었을 것입니다. 그의
삶은 영예로웠고, 그의 죽음은 사람들을 슬프게 하였으니, 어찌 따라갈 수
있겠습니까?"

⑭ DEEPSEEK

진자금이 자공에게 말하였다. "당신은 너무 겸손하십니다. 중니가 당신보다
어찌 더 현명하겠습니까?"

자공이 말하였다. "군자는 한마디 말로 지혜로움을 보일 수도 있고, 한마디 말
로 무지를 보일 수도 있으니, 말을 함부로 해서는 안 됩니다. 우리 스승님(공자)
의 경지는 하늘에 오르는 것처럼 도달할 수 없습니다. 스승님이 나라를 다스

리게 된다면, '세우면 바로 서고, 이끌면 바로 행해지며, 안정시키면 백성들이 모여들고, 움직이면 화합할 것'이라고 합니다. 스승님은 살아생전에 영광스럽고, 돌아가셔도 슬퍼하니, 어떻게 그분의 경지에 이를 수 있겠습니까?"

20 요왈堯曰

| 20-1 |

堯曰:"咨! 爾舜. 天之曆數在爾躬, 允執其中. 四海困窮, 天祿永終."
舜亦以命禹. 曰:"予小子履敢用玄牡, 敢昭告于皇皇后帝, 有罪不敢
赦, 帝臣不蔽, 簡在帝心. 朕躬有罪, 無以萬方;萬方有罪, 罪在朕躬."
周有大賚, 善人是富. "雖有周親, 不如仁人. 百姓有過, 在予一人." 謹
權量, 審法度, 修廢官, 四方之政行焉. 興滅國, 繼絕世, 舉逸民, 天下
之民歸心焉. 所重:民·食·喪·祭. 寬則得衆, 信則民任焉, 敏則有功,
公則說.

---

⑤ ChatGPT

요堯가 말하였다. "아! 너 순舜아. 하늘의 역수曆數가 네 몸에 있으니, 진실로
중용中庸의 도를 굳게 지키라. 사해의 백성이 곤궁해지면, 하늘이 내린 복록
이 영원히 끝날 것이다."

순舜 또한 이를 우禹에게 명하며 말하였다.

"나 소자 이履는 감히 검은 수소를 바쳐, 지극히 밝으신 상제께 밝게 고합니
다. 죄가 있으면 감히 용서하지 않겠으며, 천제의 신하라고 하여 숨기지 않
겠습니다. 모든 것은 상제께서 판단하실 것입니다. 내 몸에 죄가 있다면 만
방의 백성에게 책임을 돌리지 말 것이며, 만약 백성에게 죄가 있다면 그 책
임은 나에게 있습니다."

주周나라는 크게 은혜를 베풀어, 착한 이를 부유하게 하였다.

"비록 가까운 친족이 있다 하더라도 어진 사람만은 못하다. 백성이 잘못을
저지르면 그 책임은 오직 나 한 사람에게 있다."

저울과 되를 신중히 다루고, 법도를 면밀히 살피며, 폐지된 관직을 다시 세우면, 사방의 정치가 제대로 이루어진다. 멸망한 나라를 다시 일으키고, 끊어진 가문을 계승시키며, 은둔한 인재를 등용하면, 천하의 백성들이 마음을 모은다. 중시한 것은 백성, 양식, 초상, 제사이다. 관대하면 대중을 얻고, 신의가 있으면 백성이 믿으며, 민첩하면 공이 있고, 공정하면 사람들이 기뻐한다.

DEEPSEEK

요堯가 말하였다. "아! 순舜이여. 하늘의 명이 네게 있으니, 진실로 그 중도中道를 잡으라. 사해四海가 곤궁하면 하늘의 복록이 영원히 끝나리라."

순도 우禹에게 이와 같이 명하였다.

탕湯이 말하였다. "나는 검은 소를 바치며, 크고 위대한 상제上帝에게 밝게 고하노니, 죄가 있으면 감히 용서하지 않겠으며, 상제의 신하를 가리지 않겠고, 상제의 마음에 간직하소서. 내 몸에 죄가 있으면 만백성에게 미치지 않게 하시고, 만백성에게 죄가 있으면 그 죄는 나에게 있게 하소서."

주周나라에는 큰 상이 있어 선인善人을 부유하게 하였다.

"비록 가까운 친척이 있어도 어진 사람만 못하다. 백성에게 허물이 있으면 그 허물은 나 한 사람에게 있도다."

권량權量을 신중히 하고, 법도法度를 살피며, 폐지된 관직을 수리하니, 사방의 정사가 행해졌다. 망한 나라를 일으키고, 끊어진 세대를 이으며, 은자를 등용하니, 천하의 백성이 마음을 돌렸다. 중요히 여긴 것은 백성, 식량, 상례喪禮, 제사였다. 너그러우면 백성을 얻고, 신의가 있으면 백성이 믿으며, 민첩하면 공을 이루고, 공정하면 백성이 기뻐한다.

| 20-2 |

子張問於孔子曰:"何如斯可以從政矣?"子曰:"尊五美, 屛四惡, 斯可

以從政矣." 子張曰:"何謂五美?" 子曰:"君子惠而不費, 勞而不怨, 欲
而不貪, 泰而不驕, 威而不猛." 子張曰:"何謂惠而不費?" 子曰:"因民
之所利而利之, 斯不亦惠而不費乎? 擇可勞而勞之, 又誰怨? 欲仁而
得仁, 又焉貪? 君子無衆寡, 無小大, 無敢慢, 斯不亦泰而不驕乎? 君
子正其衣冠, 尊其瞻視, 儼然人望而畏之, 斯不亦威而不猛乎?" 子張
曰:"何謂四惡?" 子曰:"不敎而殺, 謂之虐;不戒視成, 謂之暴;慢令致
期, 謂之賊:猶之與人也, 出納之吝, 謂之有司."

💠 ChatGPT

자장이 공자에게 물었다. "어떠해야 정사를 맡을 수 있습니까?"

공자가 말하였다. "다섯 가지 아름다운 덕을 숭상하고, 네 가지 악한 폐단을
물리치면 정사를 맡을 수 있다."

자장이 말하였다. "무엇을 다섯 가지 아름다운 덕이라 합니까?"

공자가 말하였다. "군자는 은혜를 베풀되 낭비하지 않으며, 수고하되 원망
을 사지 않으며, 욕망을 가지되 탐욕스럽지 않으며, 너그럽되 교만하지 않으
며, 위엄이 있으되 사납지 않다."

자장이 말하였다. "은혜를 베풀되 낭비하지 않는다는 것은 무엇을 말합니까?"

공자가 말하였다. "백성이 이롭게 여기는 것을 따라 그들에게 이롭게 해주
는 것이니, 이는 은혜로우면서도 낭비하지 않는 것이 아니겠는가? 백성이
감당할 수 있는 노동을 가려 맡기면 누가 원망하겠는가? 어진 이를 바라고
어짊을 얻는다면 무엇을 탐하겠는가? 군자는 사람을 대할 때, 많고 적음을
가리지 않고, 작고 큼을 구별하지 않으며, 감히 경솔히 대하지 않으니, 이는
너그러우면서도 교만하지 않은 것이 아니겠는가? 군자가 옷매무새를 바로
하고, 눈빛을 공손히 하며, 엄숙한 모습으로 사람들의 우러름과 두려움을
받는다면, 이는 위엄이 있으면서도 사납지 않은 것이 아니겠는가?"

자장이 말하였다. "무엇을 네 가지 악한 폐단이라 합니까?"

공자가 말하였다. "가르치지 않고 죽이는 것을 '포학(虐)'이라 하고, 미리 경계하지 않고 결과만 가지고 처벌하는 것을 '잔혹(暴)'이라 하며, 명령을 느슨하게 내리고 마감 기한을 엄하게 하는 것을 '해악(賊)'이라 하며, 백성과 주고받으면서 인색한 것을 '관료적 태도(有司)'라고 한다."

DEEPSEEK

자장이 공자에게 물었다. "어떻게 해야 정치에 참여할 수 있습니까?"

공자가 말하였다. "다섯 가지 아름다움(五美)을 존중하고, 네 가지 악(四惡)을 물리치면, 정치에 참여할 수 있다."

자장이 물었다. "다섯 가지 아름다움이란 무엇입니까?"

공자가 말하였다. "군자는 은혜를 베풀되 낭비하지 않고, 백성을 수고롭게 하되 원망을 사지 않으며, 욕망은 있지만 탐욕스럽지 않고, 태연하지만 교만하지 않으며, 위엄이 있지만 사납지 않다."

자장이 물었다. "은혜를 베풀되 낭비하지 않는다는 것은 무엇입니까?"

공자가 말하였다. "백성에게 이로운 것을 따라 이롭게 하는 것이, 은혜를 베풀되 낭비하지 않는 것이 아니겠는가? 수고로울 만한 일을 가려서 하게 하면, 누가 원망하겠는가? 인仁을 바라고 인을 얻으면, 어찌 탐욕스러워지겠는가? 군자는 많고 적음, 크고 작음을 가리지 않고, 감히 게을리하지 않으니, 이는 태연하지만 교만하지 않은 것이 아니겠는가? 군자는 의관을 바르게 하고, 시선을 공경스럽게 하여, 엄숙하게 하여 사람들이 바라보고 두려워하니, 이는 위엄이 있지만 사납지 않은 것이 아니겠는가?"

자장이 물었다. "네 가지 악이란 무엇입니까?"

공자가 말하였다. "가르치지 않고 죽이는 것을 '가혹하다(虐)'고 하고, 경계하지 않고 성과를 바라는 것을 '포악하다(暴)'고 하며, 명령을 게을리하다가 기한을 정해두는 것을 '도둑(賊)'이라 하고, 주려고 하면서도 주는 것을 인색하게 하는 것을 '관리(有司)'라 한다."

子曰：“不知命, 無以爲君子也；不知禮, 無以立也；不知言, 無以知人 也.”

⑤ ChatGPT

공자가 말하였다. “운명을 알지 못하면 군자가 될 수 없으며, 예禮를 알지 못하면 바로 설 수 없으며, 말을 알지 못하면 사람을 알 수 없다.”

ⓨ DEEPSEEK

공자가 말하였다. “명命을 알지 못하면 군자가 될 수 없고, 예禮를 알지 못하면 세상에 설 수 없으며, 말(言)을 알지 못하면 사람을 알 수 없다.”

논어, 두 AI의 눈으로 읽다
- ChatGPT & DeepSeek -

발행　2025년 5월 20일 초판 1쇄

엮은이　편집부
펴낸이　조윤숙
펴낸곳　문자향
신고번호　제300-2001-48호
주소　서울 양천구 목동서로 186 성우네트빌 201호
전화　02-303-3491
팩스　02-303-3492
이메일　munjahyang@kakao.com

값　17,000원
ISBN　978-89-90535-66-5 03140

※ 잘못된 책은 본사나 구입하신 서점에서 교환해 드립니다.